愛の余韻―榎本てる子 命の仕事

榎本てる子［著］
青木理恵子［編］

いのちのことば社

はじめに

てるちゃん、天国に戻ってから一年。そっちはどう？　最近、てるちゃんと出会ったときのことを思い出す。もう四半世紀も前の一九九二年のこと。覚えている？

京都ＹＷＣＡのロビーで「こんにちはー」と、会館に響いた大きな声に迎えに出た当時総幹事の川端国世さんは、ニコニコしながら私に、「青木さん、この人、榎本てる子さん！」と紹介してくれた。川端さんの笑顔から、てるちゃんが川端さんに信頼されていると瞬時に感じたよ。これが噂の榎本てる子。紫のレザーコートにスパッツという出《い》で立ちには少々面食らったけれど、面白そうな女性という印象だった。

初めて出会った日より少し前、てるちゃんがカナダから京都ＹＷＣＡ宛に送った手紙を、川端さんから見せてもらった。そこには、ＹＷＣＡがキリスト教女性団体であるなら、ＨＩＶ／ＡＩＤＳの女性たちを支える事業を展開する必要があるという趣旨のことが書かれていた。川端さんは、その手紙を私に見せて、「これどう思う？」と意見を求めたけれど、そのときの私には「良いと思います」としか返答しようがなかった。私は、ＨＩＶについては何もわかっていなかった。

今思うと、てるちゃんの提案は、時代を先取りしていたね。日本では一九八七年に初めてエイズによる死亡が報道されたことで、人々の間にパニックが引き起こされ、様々な偏見や誤解が渦巻いていた。それから五年しか経っていなかった当時は、保健所でのＨＩＶ検査体制も整っておらず、啓発活動も一部でしか行われていなかった。ＨＩＶ／ＡＩＤＳは一般社会では知られていなかったし、知っている人が持っていたイメージといえば、怖い病気、死ぬ病気、自分とは関係ない病気というぐらいであったと思う。その中でＨＩＶ／ＡＩＤＳの事業を展開していく選択ができたのは、てるちゃんがいのちをかけて楽しく取り組む姿勢と、一年間無給で働くと言った真剣さに心を動かされ、自らその主体となった京都ＹＷＣＡの会員がいたからだと思う。

トロントのエイズホスピスであるケーシーハウスでの研修を終えた後の一九九四年から、てるちゃんとはプログラムスタッフとして職員室で机を並べて働いたね。てるちゃんは、ＨＩＶプロジェクトであるポジティブ・アクション・ナウ（ＰＡＮ）をスタートさせて、女性のためのＨＩＶ／ＡＩＤＳ電話相談を開設し、配食サービスを通して定期的に訪問を必要とする人たちにアウトリーチした。ＨＩＶ／ＡＩＤＳに関心を持つ若い人たちを組織し、日本で初めての全国女性ＨＩＶ陽性者交流会を開催したね。初年度から次々と新しい事業を展開する姿に、私は隣で目を見張っていたよ。協力してくれる人が次々と現れ、カナダへの研修旅行には十五名が参加し、その後に二人のＨＩＶ専門家の招聘もしたよね。

てるちゃんは、人を誘う前に自分でビジョンについて長い時間をかけて熟考し、キーパーソンと話し合い、自分でもよく勉強して、神様に相談していたね。そのビジョンを実現するためには何が必要で、それを担えるのは誰かということを検討したうえで「お願い」をしていた。お願いされた人は、選ばれた人だった。そしてさらに多くの人を巻き込み、新しい事業が始まる。みんなが主体的に巻き込まれたのは、てるちゃんが、助けを必要としている誰かのことでお願いをしてきていることを知っていたからだと思う。社会にはない新しい仕組みを創るという壮大な計画にワクワクしながら巻き込まれ、徐々に主体的に担うようになるのは、てるちゃんマジックのなせる技。この一つ一つが奇跡だった。

てるちゃんは、常に社会資源の可能性を察知する力が際立っていた。バザールカフェを始める前も、聖書会で使わせてもらっていた宣教師の住居の一階をコミュニティーカフェにできたら良いなと皆で話し合っていた。てるちゃんは夢物語で止めなかった。宣教師の深田ローラさんとともに、土地建物の所有者である米国合同教会（United Church of Christ）に趣旨を伝えて理解を得て、カフェを運営するために場所を活用することの了解を得ただけではなく、現在に至るまであらゆる支援を受けることにもなったのは、てるちゃんの明確な展望と、諦めないしつこさに負うところが多い。バザールカフェ・プロジェクトは、実に多様な背景の人たちをつないだね。視点があまりに違いすぎて話し合いにならないことも多かったけれど、それでも一つのものを作っていこうとする協働を諦めないでやってきた。多様性を認める社会を創るのはどんなに大変かを痛感したね。同じ価値観を持っている人々、同じ言葉が通じる人たちとだけしか一緒に取り組みをしない私たちの狭さを超えようとする取り組みが、バザールカフェ・プロジェクトの始まりだった。

事業展開だけではなく一人の人の話を聞くことにおいても、てるちゃんは稀有な資質を持っていた。実に多くの人がてるちゃんに話を聴いてもらったと言っているのを聞いて、聖徳太子でもないのにどうやってみんなの話を聴いて受けとめ、元気を与えられたんだろうと不思議でならなかった。てるちゃんは、カウンセラーとして話を聴くときに記録をとらないね。てるちゃんは私にこう説明した。ある人が目の前に現れると、以前にどんな話をしたか、その人が何を言ったかがよみがえってくる。まるでその人のフォルダーを取り出すように。同じ対人援助職で仕事をしている私には信じられないことだった。

そのときは、てるちゃんが人の話を覚えている特別な能力を持っているのだろうと思っていたけれど、研究室の片づけをしていて、カナダの病院での臨床牧会訓練の実習記録を見つけた。そこには、各回決められた項目ごとに患者の状態や発言内容が細かく記録されていたのを見て、やっとわかった。克明な記録を繰り返し書いているうちに、書かなくても記録の形式で記憶できるようになったのだということが。

本書の第Ⅰ部、カナダレポートは、異国での訓練と生活の中で感じたこと、考えたことを実に克明に記した記録だね。てるちゃんは、伝道師として仲間とともに活動していた甲子園教会を去って、ひとりカナダに行った。アジア人が全然いない白人社会の中で経験した孤独や差別、その中で向き合った自分の傷を細かく記述して日本の仲間に二年半にわたって書き送ったんだね。自分のことをわかってくれる仲間とつながる命綱だったこの記録が、三十年後に読む人にとっても新鮮で大きな示唆を与える書物となった。

カナダのウィニペグ病院での実習日誌は、病院実習を始める初心者の姿を赤裸々に記しているね。病気の人と関わることの恐怖、何を言ったらよいのかわからない不安、失敗、期待に応えられなかったときの自己嫌悪、病院に行きたくないと思う日。だれにでもある初心者の時期がてるちゃんにもあったんだということがわかって、てるちゃんを身近に感じる。そして自分もできるかもしれないという勇気が湧いてくるよ。実習生の時の自分をみんなに見せてくれてありがとう。対人援助は常に相手の傍らに共に立つことだということを伝えているてるちゃんの愛を感じるよ。

てるちゃんは私に、「てると出会って良かったやろ？　面白い人にたくさん出会えて」とよく言っていたよね。本当に面白い人に出会えて、人生が虹色になったよ。本当に感謝している。ありがとう。最初の頃は、突然家にいろいろな人が泊まりに来たりして、びっくりしたけれど、徐々にそれが面白くなった。人とともにいることの大切さ、人と一緒に作り出すことの面白さを、てるちゃんとの生活の中で実感して、私の価値観と生き方は大きく変わったよ。この本の第Ⅱ部には、四十三人の人たちが、てるちゃんと出会ったことでどのように人生が豊かになったかのメッセージを寄せている。てるちゃんに直接言う機会がなかった人もいるかもしれないから、今読んでね。

てるちゃん、あなたが伝えた愛はいろいろな人の中で育っているからね。心からありがとう。そして天から毎日見守ってね。

編集代表　　青木理恵子

目次

装幀＝畑佐　実
表紙絵＝下村泰子

I　カナダ日記より

カナダのメモリアルガーデン
（2019 年）

第I部は、榎本てる子さんが若き日、一九八六年～一九九二年のカナダ研修中に書いた日記『…というわけで、おかげさんで…』から表題をつけて抜き出したものです。彼女は当時、帰国後すぐに私家版として、このときの記録を自費出版しています。カナダでの神学の学び、病院実習の様子がいきいきとした筆致であらわされています。

今回は、その中から彼女のその後の仕事につながる、そしてこれからもたいへん意味を持つと思われるところを抜粋しました。私家版の原稿を打ち直してくださったボランティアの皆様（「おわりに」参照）に深く感謝します。

カナダそして日本

遠いアジア、遠い日本

一期一会　“Treasure every meeting, for it will never recur.”

マーティン・ルーサー・キング牧師記念日、中曾根首相来加、スペースシャトル空中爆発、フィリピン大統領選挙、山谷争議団山岡強一氏射殺……この一か月間いろんなことが起こった。スペースシャトル号の特別番組を友達と見ていたとき、友達の一人アイリーンが、「大韓航空機が落ちて、何百人の人が死んでも、あまり報道されなかったのに、七人のアメリカのチャレンジャー号の乗組員が死んだら、これだけ毎日報道されるんやもんねー。アメリカってすごいねー」と言ったことが心に残った。

とにかく日本やアジアが遠い。フィリピン大統領選挙の結果も日本のように何度も詳しく報道されたりしない。また、正確な情報もなかなか入ってこない。星野正興先生と「日本やったら、もっと詳しい情報が入るのにねー。どうなってんの？」と苛立っている。

私もこの一か月とても忙しかった。ルーテル派の青年会の発題で、指紋押捺拒否運動と在日韓国人・朝鮮人の歴史を紹介したり、Japan Festivalで日本女性史を参考に女性問題を話したり、今度の日曜日（二月一六日）は、トロントにあるカナダの合同教会で説教を英語でさせていただく機会が与えられている。

　青年大会で感じたことは、カナダの人たちにとって「アジア」はどうでもよい存在であるということである。相手にもされない「差別」があるということを、身をもって経験した。南アフリカの問題については一生懸命聞く。しかしアジアの問題となると、「なぜ先進国の日本の話を聞かなきゃならないのか」とか、「南アフリカもアメリカも、黒人社会と白人社会、この二つの社会が対立している」などと言う。まったく黄色人種を頭に入れていない発言が出てくる。ほんとうにアジアが遠いということを感じた一か月であった。

寮の仲間「私を黄色と呼ばないで！」

私は最後にイヤミをこめて、「別に、アジアにある問題を、あなたたちに取り組んではしいと要求したりしません。私はアジア人の一人として、アジアの自分の住んでいる国の問題に取り組んでいきたいと思っています。皆さんも、南アフリカ、グアテマラといろんな国の差別を知り、取り組まれるのもよいのですが、自分の国であるカナダにおいて、先住民の問題や移民の人たちの問題なども考えてみてはどうでしょうか。一つの運動をされることにより、世界のどこでも活動しておられる人と連携できると思います」と話した。私もこんなイヤミが言えるなんて、ずいぶん年を取ったものである。

外国生活の疲れ

私生活のほうでは、八か月の疲れが出てきたのか、胃潰瘍が再発し、今病院で薬をもらい、散らしている。みんなと飲みに行っても、オレンジジュース……部屋のドアにだれかがこんな看板を貼ってくれた。

When I gave up smoking, drinking, and sex,
it was the most miserable hour of my life.
「禁酒、禁煙、禁欲をした時、
それは私の生涯の中でももっともみじめな時であった。」

今日カゼ気味で夜の授業を休んだ。（友達はズル休みだと言うが、私は元気そうに見えても、からだが弱いこと、皆さんは知ってはるでしょう。）しばらく部屋でいろんな人としゃべっていると突然電話がかかり、「タイガン（教授の名）だが、どうして今日授業に来なかった？　あまり休んでいると、単位あげないよ。明日神学部長と話しなさい」ということを言われ、どうしたらいいのか悩んでいた。部屋にいる友達が、「明日、ドレスアップして口紅ぬって、朝早くタイガンのところへ行って、もう一度だけチャンスを下さい。授業態度まじめにしますからってたのみ！」とアドバイスしてくれた。

その後、このことがとても気になり、胃も痛くなり、「ひとりっきりにして！」と頼み、しばらくいろんなことを考えていると、再び友達が来て、「テルコ、なんで私たちがテルコの教授の名前聞いてきたかわかる？　あれ冗談よ。私たちが下の階の男の子たちに頼んでテルコに電話してもらったんよ！　でも他の神学生が言うには、あまりあの教授、休んだら落とされるそうやよ……そやし、私たち、二度とテルコがズル休みせんように、このジョーク考えたんよ！」と言う。……このように、毎晩といっていいほど、からかわれる。楽しいといっていいのか……しんどいといっていいのか……なんともいえない日々を送っている。彼女たちのいたずらを書いていたらきりがないので、本題の星野先生について書くことにしよう。

星野正興先生との出会い

まず、私がカナダに来て、本当によかったと思ったことの一つが、星野先生との出会いである。

星野正興先生ご一家

星野正興先生は、八郎潟で十八年開拓伝道をし、今カナダの農村の教会で、交換宣教師として牧会と農民運動について地元の人とともに取り組んでおられる。先生については新教新書、星野正興著『湖畔の小さな教会』を読まれると、いろんな苦労と先生の牧会のことを知ることができる。ぜひとも読んでいただきたい本である。とにかくここまでユニークで興味を持てる牧師先生と親しくできるのは、初めてである。型破りな牧師である。

奥さんも、とても良い人でおもしろい。先生を陰で支えてこられた人である。子どもたちもユニークで、私の幼いころを思い出させてくれる。星野先生の家へ遊びに行くということを楽しみにしている。

先生は、信者数0という教会から始められた。そして十八年間、先生の牧会とは農村においてのことであった。農民と出会い、彼らの田んぼを一緒に耕し、農民運動を地元の人とするものであった。先生の人格に触れた人は、たとえキリスト教が嫌いでも、様々な運動を先生と共にすることができた。

先生には悪いが、私が思うに先生はカリスマ的な存在だったと思う。先生は自分が傲慢になり、また政治色が強くなってくるのを感じ、八郎潟を去ったのである。（ただ、このほかにももっと複雑な状況はあったと思う。）

私はいつも先生の話に耳を傾ける。人に話を聞かせる人である。先生は口ぐせのように私に、「てるちゃん、人との出会いを大切にせなあかんで」と言われる。地域の人の中に入り、共に歩んでこられた先生……私は自分もこの先生のような生き方をしたいと思うようになった。

私が先生から学んだことはたくさんある。毎回、具体的な話題でお互いに思うことを話し合う。（レポートを書くとき、いつも案を提供してもらう。ずいぶん助かっており、感謝している。）　今日は簡単に先日話したことを、二、三紹介しよう。

説教のこと

二～三日前、先生と奥さんと三人で説教について話した。なぜ、日本の教会の説教は難しく、神学まで出てくる説教が多いのか？　日本の教会は説教を重んじる。しかし、難しい説教を聞いたあと、何が残るのか？　説教とは、人と共に歩むなかで見つけた身近な話題で、自分の言葉で語られるものではないか。私自身、今までうまく、上手に説教を語ろうとしてきた。しかし、その結果、「日本語がおかしい」というアドバイスを受けた。自分の日常使っている言葉で、人との出会いと、共に歩むなかから肩をはらずに説教を語りたいものである。

先生いわく、「信者の人たちに、一週間前の説教は何だったと聞いても思い出せない人が多いと思う。これは、一週間前何を食べたと聞いても、なかなか思い出せないのとよく似ている。けれども大切なことは、今日生きている、一週間前に食べたものが栄養となって、今日生きているということだ。私たちの語る説教も栄養となって、今日こうして信仰に生きている、というふうに考えたらいいのちがうやろか」。

私自身も、自分の語る説教が、いつか聞いてくださった人が、何らかの形で栄養分であったって思ってくれるものであったらいいなあと思う。

教会学校のこと

次は、教会学校についてである。はたして教会学校とは何なのであろうか？　教師がいて、生徒がいる普通の学校と変わらない。子どもたちが騒ぐと、「ハイ、静かにしなさい」と子どもたちをおさえる。

私はカナダに来て、大人の礼拝の中で、大人の歌う讃美歌に合わせて子どもたち（教会に親が来ている）が前に行き、牧師またはD・C・Eの先生を囲んで座り、身近な話題や紙芝居やいろんな小道具を使って五〜六分で話をするのを聞く場面があった。その話に感銘を受けた。大人の私でさえ、この時が一番待ち遠しい。大人の説教より印象深い。子どもたちと一緒に聞く簡単な話……子どもたちのユニークな返答に学ばされたり、新鮮さを感じたりする。日本に帰って自分が教会を持ったときは、この方法を取り入れたいと思っている。

話は教師に戻るが、いっそうのことこの教師という言葉を使わず、一緒に遊んだり物を作ったりする友達のような存在になれないものかと思う。カリキュラムをこなす教会学校ではなく、自然と遊びの中から忘れられていることを発見する、楽しく遊べるところになっていいのではないかと思う。

私が甲子園教会で二か月ご奉仕させてもらって思ったことは、週日教会に来る人が少ないということであった。用がなければ教会へは来られないというような感じがした。若者たちが集まる場所として、また、何か教会へ行けばある、ひまつぶしに教会へ行ったらだれかがいて、話ができるというような軽い気持ちで教会へ週日、また日曜日に来られたらいいなーと思った。しかしこれは教会の地域性もあるし、甲子園教会の方針もあるので、今後の牧会の場で実現していきたいと思う。

教会学校の「皆勤賞」「精勤賞」の制度についても先生と話をし、問題点に初めて気づいた。確かに毎週教会へ来た子どもに対して何らかの形で「よく毎週教会へ来たね」とほめてあげることも大切だろう。しかし、からだが弱くて来たくても来られなかった子どもは一生この「〜賞」というものをもらえないのではないか？　また家庭の都合で来られなかった子どもはどうなるのか？　この賞が強者の立場に立っていることがわかる。できたら、いろんなことを考慮して、教会に来ている子ども全員が何らかの賞をユニークな手作り賞状でもらえるようになったらいいのにと思う。

「内なる天皇制」のこと

最後に「内なる天皇制」という言葉を先生から、また奥さんから学んだ。私たちは天皇制を批判するが、実際、私たち牧師が教会内で「天皇」になっているということである。

牧師中心主義は、教会の中心である役員会についても、「教規」で「主任者たる教会担任教師またはその代務者が招集し、役員会の議長は主任者たる教会担任教師またはその代務者をもってあてる」と定められており、この法規においても牧師が何においても中心であることを保証する。役員会は、牧師から相対的に自立した機関としてではなく、「教師を補佐」するという存在にとどまっている。天皇制を批判すると同時に、教会の民主化ということも考えたいものである。

先生は夢をこう語る。「牧師も地域の人と同じように職業を持ち、そして日曜日にその生活の中から学んだことを分かち合い、話ができたらいいなあ。牧師も信者もなく、みんなで教会を支え、つくっていけたらいいなあ。ぼくらは先生と呼ばれることに慣れすぎた。」奥さんもうなずきながら、「教会に食べさせてもらう生活から、牧師も職業を持って、経済的なことにこだわらず牧会がしたいものねー。でも、日本ではまだまだこんなことはできないと思うわ」と話された。

私自身、半分以上は先生と同感である。牧師も信者もなく、みんなで教会をつくり支える、地域の人たちの中に入っていき、人と対話し、いろんな問題を共有し、一緒に取り組むなかで人間関係をつくる。その過程を通して、神様のことを日常使う言葉で自然と伝えていけたらと思う。私は、皆さんがどういう思いで「てるちゃん」と言ってくださっているかわからないが、この「てるちゃん」と呼ばれることがうれしい。別に無理して先生と呼ばなくてていいと思う。

夢を広げる

先生との交わりの中で、自分の牧会について考える。夢が広がる。しかし先のことは見えないし、任地に対しても不安がある。けれども先生は私にこうアドバイスを下さる。「お互い帰国後のことを考えたら不安になるし、カナダにいる間は夢を語ろう。夢を持つことは大切だよ」と。

私は個性が強すぎて伝統的な教会には合わないかもしれない。残された道は、同じ新しいアイディアを持った人たちと、新しい教会とコミュニティーを作ることかもしれない。しかし今は先生もおっしゃるように、先のことはすべて主に委ねて、夢を広げたいと思う。いま感謝すべきことは、星野先生との出会いにより新しい価値観を与えられ、夢を語れ、また教団の中の今まで気づかなかった問題について学べることである。この出会いを大切にしたい。そして、先生との出会いを通して強く感じたことが一つある。

「もうすぐ、新しい教会の時代が始まるであろう。」

（一九八六年二月）

義兄の言葉

寮の友達のこと

寒い寒いと思っていた冬も終わりに近づき、毎日晴天が続いている。もうすぐ春だ！つもっていた雪も解け始め、道路はビチャビチャである。これからはダイエットの季節でもある。冬の間寒くて何もせず食べてばかりで、六キロほど太ってしまった。これからは友達とスカッシュをしたり、学内にあるディスコやサウナで一生懸命脂肪をとるつもりだ。このごろ、自分のスタイルを見て、ゾッとしている。これでは日本に帰れない。

フィリピンも長くて厳しい冬に終わりを告げ、アキノ夫人による新しい春が出発しようとしている。最近やっとたくさんニュースが入ってきている。

私も新しい春を心身共に迎えたいものだ。

ところで、今夜九人の寮の友達と一緒に！ 夕食を食べた。例のお好み焼きである。食べながら、皆で仁川《にがわ》の私のアパートでフーフー言いながらお好み焼きを食べたことを思い出した。とても懐かしかった。こっちでも、友達相手に週に一回、日本食をつくってあげて、みんなで食べている。食事も終わり、みんなに「テルコ、ディスコに行こう」と誘われたが、「疲れているので、今日は行かない」と言って、寮の中で本を読んだり、このレポートを書いていたりしたら、突然サンドラがやって来て、「てるこ、アイリーンがてるこのために男の子をてるこの部屋に連れて来るよ！　嘘やないよ。ほら、てるこがいつも食堂でかわいいって言っていた日系人か中国人かわからん、あのかわいい子やん」。私は驚いて、「嘘やろー。もー知らんわ！　どうしよ！」と言うと、「なに言ってんのよ、ほら、男の子の声が聞こえるやろ！」「ほら、来た来た……」と言ったところで、ピーター・ワタナベが登場。いつも私の寮の友達は、こんな冗談をしてくれます。

帰り際に、「ぼくがひとりで食堂にいたら、隣に座ってください」。握手……アイリーンいわく、「これでてるこ、彼に会ったんだし、食堂であったら『ハイ』って言ってアタックしーやー。やったね！」。「けど、彼十九歳やし、私二十三歳やでー。何がどうなるの？子どもやん。」　するとアイリーンいわく、「私、彼にてるこは二十一歳やって言っておいたから、二歳ぐらいならごまかせる……。しっかりしーやー」と。その後も彼女はハイパーで私の部屋の窓から男子寮に向かって叫びまわる。

みんな、この部屋の住民は少しおかしいと思っているでしょう。こんなことが始まったのは夜中の二時半。彼女たちが散ったのが夜中の四時。ほんとうに毎晩夜中に……疲れます。友達は日本もカナダも同じタイプです。

アレックスの悲しみ

さて、二月二四日は裕兄さんがガンで天に召された日である。その記念の日に、寮のアレックスという女の子のお母さんがガンで亡くなられた。なんとなく胸が痛んだ。彼女がお葬式から帰って来た日、彼女の部屋を訪問した。訪問する前、「彼女とはそんなに仲が良いわけでもないし、なにかおせっかい女のように思われてもいやだし、どうしよう」と迷った。しかし、私が父を亡くし、義兄を亡くして感じた悲しみを今、彼女は味わっているんだ。何もできないけど、知らないふりはできないと思い、彼女の部屋の前に立った。部屋をノックする前に、祈った。「神様、私のしようとしていることがおせっかいになったり、彼女に拒絶されたりしませんように」と。勇気を出し、ノックをすると、彼女は「come in!(入って！)」と言ったので、入った。私は恐る恐る「ちょっといい？」と言って座った。

彼女との間に、しばらく沈黙が続いた。何を話そうかと迷ったあげくに、「私も実は十五歳の時、父を亡くしたの。そして四年前に義兄をガンで亡くしたの。そやし、あなたのにとってとても難しいと思うし、時間もかかると思うけど……」と話し始めた。彼女は初めは黙って話を聞いていたが、時間が経つにつれて彼女のほうから、お母さんの話や、お葬式を終え、周りの人から思ったことや、今はだれも信じられないことなど話してくれた。彼女はこう言う。

「今はだいぶん落ち着いたわ。でもね、今日お棺をあけ、ママに最後のお別れをしたの。ママは五年もガンで苦しんだし、このほうがよかったように思うわ……。でも、毎週日曜日、ママと電話で話していたのに、今度の日曜日は電話をしても、ママとはもう話せないんだって思うと……信じられないわ。きっと今度の日曜日は、私は泣いていると思うわ。けれど、てるこなら私の気持ち、わかってくれるでしょう。」

私はうなずきながら彼女に、「これからどうするの」と聞いた。彼女は「私には姉と義理の父がいるけれど、そう、義理の父も私たちを経済的に助けると言ってくれているの。でも、来月には母の家を売って、車も売って、これからひとりで住む所を見つけるつもり。周りの人たちはセント・キャサリンに来たら、遊びにおいでって言うけれど……だれも親身になって考えてくれる人はいないわ。みんな口だけ……。あの人たちは信頼できないわ。母が死んでから、どの人が本当に母の友達だったか、人間の本質が見えるようになったわ。

これからは姉と一緒にいろんなことをしていくわ。だって姉だけが私の身内ですもの。本当の父は少し変わっているの。私は父にお世話になりたくないし、父なんて、母がガンだったこと、友達から聞いているのに、何も連絡してこないし、私たちに会おうともしないの！　あんな人は父親でも何でもないわ！　お葬式にも来なかったし……。きっと友達からママの死を知らされていると思うのに……。」

彼女との話は、これで途切れた。ほかの友達がポップ・コーンを持って、彼女を訪ねて来たからだ。彼女の話の中で、母親に対する愛の深さを感じた。彼女は母の死を知ったとき、"It's unfair"（不公平だわ！）と叫んだ。義父に対しては、好きだが、父親のようには思っていない。割り切れないようだ。"I like my step father, yes, I mean not my step father, he is my friend. But he has three own kids, I can't live with him."（私は義父が好きよ。そうねー、彼は義父というよりは友達かしら。でも、彼には三人の子どもがいるし、私は彼とは一緒に住めないわ。）　実の父親に対しては、憎しみがこめられている。"I hate him. He never kept in touch with us. He is very strange"（私は彼が大嫌い。彼は私たちに連絡しようともしなかったわ……。彼はほんとに変わってるの！）とか、父親に対して使う呼び方は、"Father"とか、これはあまり親しい呼び方ではない。また、他人行儀に"He"（彼は）と呼ぶ。冷たい関係があるようだ。姉については、大好きなママを失って、これからは姉と一緒にいろいろなことをしていくと語る。

たった二十歳の女の子が家を売り、車も売り、ひとり立ちしていこうとする姿……痛々しかった。

父と義兄の死から思うこと

私は彼女との会話を通して一つのことを自覚し、神様に感謝した。今まで、神様は私の父を私が十四歳の時にとり、義兄を四年前にとり、なんとつらいめにあわせるのかと思っていた。ときには恨んだ。しかし、幼くしてこのような経験をした私は、こうして今同じことを経験している友と、親しかろうと親しくなかろうと心を開き、お互いの経験を、涙を流しながら分かち合える。少しでも人の心の痛みを、自分の痛みとして受けとめようとすることができる。私がしているのではない。こんな素晴らしい経験ができることを、神様に感謝している。やっと肯定的に、父や義兄の死を受けとめ、新しい出発をしようとしている。今になって、あのとき愛する人を失って、苦しく悲しくてどうしようもなかった思いが役立つとは思わなかった。本当に感謝すべきことだろう。

先日読んだ本（E・S・シュナイドマン『死の声』〔*Voices of Death*〕誠信書房）の中に、次のようなことが書かれていたのが印象的であった。

1980年6月、再発が判明し、山口大学附属病院への再入院の朝、義兄・姉家族。

「各個人は、その人が生きたように死ぬ。……癌など死の病いにとりつかれた人が死にゆく時に歩むコースは、その人が人生の『暗黒の時』歩んだコースをそっくり辿るか、反映するか、あるいは、平行するのである。つまり人はその人の人生のもっとも苦しかった時を生きたような仕方で死ぬのである」(一五九頁)。

この本の中では、例があげられ、論証されている。

私は、「自分の死」ということを考えたとき、まだまだ先のことだし、わからんというのが本音であった。それは、私が生と死ということを無意識のまま区別していたからであろう。しかしこの本を読んで、ふと思ったことが、私の生に対する生き方が、私の死に影響するのではないかということである。確信は、私にはない。

しかし、今の私にできることは、苦しみや悲しみや、また楽しさや喜びの中にある自分が、どれだけ真剣にその中に生きているのか、一生懸命生き、その中で神様を見上げていくことではないかと思った。

裕兄さんの日記の中に、こんな一文があった。

「僕は今まで、失敗の少ない人間だったと思う。思い返して、本当に失敗らしい失敗といえば、一年浪人したことくらいである。失敗をしないようにという姿勢は、いつもぼくの意識下にあったと思う。そしてそのためにいつも一歩、二歩先を読み、考え、計算し、そして行動する。しかし、この病気は計算外であった。それでも失敗のないように闘病生活を送ってきた。ところが、もう先を読むことができなくなった。ただ、そんな姿勢だけは、ちゃんと生きているのでよけい苦しむのかもしれない。まさにヤコブ四・一三〜一六を学ばねばならない。今許されて、恵みによって生かされているという点から出発しなければならない。砕かれて、自分が自分の主であることを捨てねばならない。主よ、それをなさせたまえ。」

義兄が死を通して教えてくれたこと

いつも裕兄さんを訪問して思ったことは、冷静だということであった。ときに、「なんでこんなに冷静なんやろー」と思った。特に印象的な言葉が、「それでも失敗のないよう

闘病中も日本史の論文を書いていた義兄（1980年10月）

に闘病生活を送ってきた」という言葉である。そしてその中で、冷静に自分を見つめ、神に頼っていく姿勢を持っているということである。私には確信はないが、裕兄さんの生き方はやはりイエス・キリストを基とした生き方だったのであろう。たとえ、三十三歳という短い人生で最も苦しい時をあのように生きられたということは、過去においてもそうであっただろうし、未来においても、そんな生き方をされたのであろう。

彼の死は、多くの人にメッセージを残したと思う。私もその中の一人である。それは苦しみもだえるなかで、イエス・キリストの十字架と復活の意味を考え、神に拠り頼んでいかれたからであろう。

来年一年間は、裕兄さんが残してくださった日記を中心に、自分の生き方を考えてみたいと思っている。人生の困難とは、病気に限られるわけではない。職業や恋愛生活の失敗や危機（私も味わい、とても苦しかった）、また、愛する人の幸福が危機にさらされたり、愛する人を失ったり、受験に失敗したり……いろんなことであろう。

神との関係とコミュニティーづくり

そのようなかで、真剣に物事を受けとめ、自分と神について考えたいものである。この五か月間ずっと詩篇を読んできた。詩篇のメッセージの中心は、人生の苦しみ、重荷、悩みが信仰生活の中でも起こってくるが、信仰を持って神に信頼していくとき、そのところで神は私たちを囲んでくださり、守ってくださり、慰めてくださり、励ましてくださるという証しであろう。

人生には春もあるし、暑い夏もあるし、秋もあるし、冬もある。しかしどの季節も神様が造られ、そしてその中に神様はいらっしゃる。私たちの人生の中も、どんな時にも神様がいてくださるのであろう。その神に、必死に信頼していきたいものである。

また、牧会者として思うことは、私たちはただその人の死に面してカウンセリングをするのではなく、日ごろの交わりにより、その人の悩みや経験を分かち合い、そうした信頼関係の深い交わりを通してはじめて、その人の気持ちを理解していけるのではないだろうか。私はそういう意味でも教会の人たち、また自分の友達との交わりを大切にしたい。そして、私もその仲間の一人として、自分の苦しみや歩んでいる道を共に分かち合いたい。

そういう意味でもコミュニティーづくりは大切だと思う。

最後にもう一度、裕兄さんの日記を紹介しよう。

十一月十九日（召天三か月前）、「みつ子が『春よ来い、はやく来い、おんもへでたいと待っている』と何度も歌っている。まさに『みーちゃん』の歌だけど、私のねがいでもある」。

長くて厳しい闘病生活という冬の中で、癒されて、もう一度元気になり、生活のできる春を待っておられる裕兄さんの叫びであろう。春はうきうき楽しい……そして待ち遠しい。その中に神様が働いておられる。しかし、厳しい冬の中にも、神様は働いておられる。そして、神に信頼することを教えてくださる。裕兄さんのように、どんな人生の季節においても、イエス・キリストの十字架と復活を思い、主に信頼していきたいものである。信仰とは闘いである。

もうすぐ春がやってくる。

しかし、もう一度自分の歩んできた道を振り返ってみよう。


（一九八六年三月）

孤独について

一つ一つの出会い

お元気ですか？

先日、聖書を読み、そして祈りつつ決めた帰国の件、召命の件……日が経つにつれて、いろいろな人に、「もったいない」「せめて学位を取ってきたら」「今しか勉強できないのよ」とか言われると、だんだん「もう半年だし、いようかな……」「任地も九月なんてないかもしれないし、帰ってブラブラするよりは……」「学位取れるんだったら、取ったほうが世間体もいいし、将来のためにもいいかしら……」「ひとりで牧会に出るの、やっぱり怖い……」などという「欲」と「不安」が出てきて、弱気になる。しかししばらく考えて、「あーいかん。いかん、なんであんな決心したかっていう原点に戻らな！」と自分に言い聞かせているが、今まで失敗なく、非難を浴びたり、大きく道をそれたりしたことのなかった私にとっては、なかなかしんどい今日このごろである。それと同時に来年の今日はもうカナダじゃなくて日本か……と思うと、一日一日を大切に過ごさねばと思い始め、初めて「一日一生」という言葉の意味を味わっている。そして、一つ一つの出会いを今まで以上に大切にしている。

先日、久しぶりに伊志峰馨くんから手紙が来た。伊志峰家の裕季ちゃん、そして馨くんとは不思議な付き合いである。裕季ちゃんは大学のクラブの先輩で私を甲子園教会に連れて来てくれた人である。それ以来、裕季ちゃんのことを私はあねきのように慕い続けている。いろいろと学ぶことの多い人である。私は裕季ちゃんに、「ゆうちゃんは、するめみたいな人やね!」と言う。実に噛めば噛むほど味のある人である。カナダに来て、余計にそう思った。日本を離れるとき、裕季ちゃんは見送りにも来てくれなかった。あねきやと思っていたのに、冷たいぁーなんてがっかりしていたが、私がカナダで寂しい思いをしているとき、いつも手紙をくれた。不思議なほど、グッド・タイミングである。裕季ちゃんは、そういう人である。裕季ちゃんとの出会いを通して、本当にいろんな人に甲子園教会で出会った。そしてその人たちは、私の人生の中で、私にとって大切な人たちである。その意味でも私は裕季ちゃんに感謝している。

この裕季ちゃんを通して出会った人の一人が馨くんである。中高科の教師をし始め、私たちは急に仲良くなった。そしてどんどん仲間の輪が広がった。(残念ながら、私たちは

甲子園教会の仲
間たちと

世間で言われる恋愛関係ではない。）

私はよく考えてみると、三年しか甲子園教会にいなかった。一年目はあまり何もせず、自分自身、教会の中に入って行けずに悩んでいた。そんな私にとって昼の様々な行事は苦痛で、よく逃げて帰っていた。しかし、カメレオンのような私は、不思議と後の二年間で、たくさんの人に出会い、大きな顔をしてきた。仲間をつくってしまったことは反省すべきことかもしれないが……。

私たちはよく遊んだ。よく歌いに行った。ゲームを作った。狭い私のアパートでいろんなことを分かち合った。一生懸命明日の教会のことを話した。そして夢を語った。

私たちが同じ言葉で夢を語り、さあ夢に向かって出発しようと思ったとき、私はカナダに来た。馨くんは浜松へ行った。藤井くんは、大学生活を始めた。けんちゃんは相変わらず学生で遠くにいる。そして教会に残ったいろいろな仲間がそれぞれ新しい道を歩き始めた。私は寂しかった……。私たちの夢はどうなるんだろう、と心配になった。せっかく同じ言葉をしゃべっていたのに……。

しかし最近、私はこれで良かったと思えるようになった。なぜなら、その仲間がそれぞれの生活の中で新しい出会いをし、その中で私たちの語ってきた夢を自分なりに温めているからである。仲間が壊れてバラバラになることは寂しいが、その仲間の輪が将来大きくなることに私は希望を置いている。藤井くんが色紙に書いてくれた言葉、「俺の三年後を楽しみにしててくれ」。私は彼の成長を楽しみにしている。しかし、その一人ひとりの道が大きく広がり、いつかまた一緒になり、夢に向かって歩んでいけたらと祈っている。

孤独のとなり

ちょっと話が広がり過ぎたので、馨くんからの手紙に話を戻そう。彼はこんなことを書いていた。

「俺は、よくふと孤独を感じるときがある。今もそうや。今日から三連休で、みんな田舎へ帰ってしまった。…（中略）…寮にひとり残っている。さびしいねん。……それでテルちゃんに話してるつもりで書いてんねん。孤独のとなりに神様がいるんや。海の向こうにはテルちゃんが頑張ってるんや。そう考えたら、寂しさも吹っ飛ぶねん。俺はひとりでいるのは苦手やねんけど、孤独に負けん強い男にならなあかんと思う。だから孤独のとなり、俺の横に神様がいるんやと思って、ひとりで自分の足で何かを見つけに歩き出さなあかんと思うんや。テルちゃんの仕事は、孤独で苦しんでいる人、一人でも多くのそういう人に、孤独なんかじゃない、神様がいつも一緒やということを教えてあげて、救ってあげることなんやろ？　すばらしい仕事やと思う。俺もそんなでっかい、でっかい仕事したいな。あの夢を実現したい。」

馨くんは、浜松に行き、誕生日に熱を出して倒れたとき、どうしようもない孤独に襲われ、そしてその孤独のとなりに神様がいるんだっていうことを発見し、初めてみんなに祝ってもらえるって本当に幸せなことであることに気づき、だれにも誕生日を覚えられず、ひとりっきりで過ごしている人々の気持ちがわかったと書いていた。私は、馨くんの成長が目に浮かんだ。嬉しかった。そして、この手紙を読んだ後、胸が熱くなった。

私は日本にいるとき、多くの友達にいつも囲まれ、孤独を感じている暇もなかった。そんな私がカナダに来て一番つらかったのが、孤独であった。何度もこの孤独に泣いた。孤独を感じるとき、いつも馨くんたちがくれた声のテープを聞いた。励まされた。小さいころ、よく『われら青春!』というテレビを見ていた。その中に今でもよく口ずさむ歌がある。「悲しみに出会うたび、あの人を思い出す。こんな時そばにいて、肩を抱いてほしいと。慰めも涙も要らないさ、温もりが欲しいだけ。人はみな一人では生きてゆけないものだから」という歌である。悲しみや寂しさに出会うたび、この歌を歌う。しかし、「あの人」とはだれなんだろうとずーっと思ってきた。そして、カナダに来て、「あの人」がだれであるかを発見した。

親知らずの手術の日、友達が朝、病院まで送ってくれた。しかしそれからはひとりであった。待合室には、夫婦で来ている人、母親に連れられて来ている子どもがいた。とても羨ましかった。私は、待ち時間に目をつぶって祈っていた。目を開けると、一人のおばあさんが私の前に座っていた。おばあさんもひとりっきり。おばあさんはハンドバッグから『アパ・ルーム』という日々の聖句を取り出して読んでいた。おばあさんもひとり……私は気持ちがわかった。私は手術室に向かう間中、孤独感に襲われ、不安になり、必死で祈った。馨くんが感じたように、孤独のとなりに神様がいるんだって思った。そう思うと不思議と落ち着いた。

私はその後、全身麻酔を打たれ、あっという間に寝てしまい、「テリー〈私の愛称〉、テリー」と看護師さんに体を揺さぶられて目が覚めた。手術は終わり、回復室にいた。

イエスと孤独

私はふと「死」について考えた。癌で死んだ義兄が私に言った言葉を思い出した。

「ぼくは死ぬっていうことを眠りの延長だって思っている。しかし違うのは目が覚めないんだ。死は永遠の眠りなんだと思う。ぼくは死ぬのは怖くない。しかし死ぬのに至るまでの過程で、どんな苦しみが待っているかと思うと、怖くなる。もしイエスが十字架に至るまでの道で苦しまれなかったら、ぼくはこの苦しみに耐えられなかった。」

私はこの言葉の意味があの時よくわからなかった。しかし、今回の手術を通して、なんかこの言葉の意味がわかり始めた。全身麻酔の後、いつ気を失ったかも知らないし、お医者さんが私の歯茎を切ったり縫ったりしていたことも覚えていない。まして、息をしていたのかどうかも知らない。

私は、イエスのゲツセマネの祈りを思い出した。初めてあの箇所が、私の心に迫ってきた。イエスは自分が十字架にかけられ、苦しみにあう前にゲツセマネへ祈りに行かれた。そして必死に祈る。「父よ、御心ならば、どうぞこの杯をわたしから取り除いてください。しかし、わたしの思いではなく、御心が成るようにしてください」と。そしてその汗が血のしたたりのように地に落ちるほど、イエスは苦しみ、もだえ、祈られる。

イエスは祈りの後、弟子のところへ行かれた。すると、あれだけ慕い従って来た弟子たちが、イエスが苦しみ、もだえ、祈っている間、居眠りしていたことを知る。それを知ったイエスは、どんなに孤独を感じられたことだろう。イエスは三度も彼らが自分のために一緒に祈ってくれているかを確かめに行く。しかし彼らは寝ている。最後に、イエスは寝ている弟子に、「まだ眠っているのか、休んでいるのか、もういい、時が来た」とあきれ返って言う。イエスは、弟子ですら自分と同じように真剣に祈ってくれない……ひとりなのである。

けれども、イエスはこの孤独の中で「アバ、父よ」と祈る。孤独のとなりにアバ、父がいることを自分の生き方を通して私たちに伝えてくださった。イエスは祈るなかで神に出会い、「時が来た。立て、さあ行こう」と十字架の道へと向かう。できるなら、この杯を飲まずにいたい、と必死に祈ったイエスが、今堂々と十字架へと向かう。何がイエスに起こったのだろうか？　イエスは死ぬ直前に、「父よ、わたしの霊を御手に委ねます」と絶叫する。死に向かう孤独の中で神であるアバ、父に霊を委ねますと告白するイエス。苦しみの中、孤独の中で、イエスは、アバ、父を見つめ、そこから死をも恐れぬ力を与えられたのだ。

そして、イエスの死の瞬間、今まで黙っていた神が天の幕を真っ二つに割って、「わたしはおまえと一緒にいた」と言わんばかりに現れた。孤独の中でさえ、「アバ、父よ」と祈れる神がとなりにおられることを、イエスは私たちに命をかけて示してくださったのである。

人は当たり前だが、生まれる時も、死ぬ時もひとりである。死ぬ前にどうしようもない孤独感と不安に襲われるであろう。しかし、ここで私たちは、イエスが「アバ、父よ」と祈られたように、孤独のとなりにいてくださるイエスの神に向かって祈ろうではないか。その時、なんとも言えない平安が与えられ、そして孤独にも打ち勝っていける力と希望を与えられるのだ、と私は信じる。

義兄も、癌との壮絶な闘いの中で苦しみ、もだえ、孤独と死への不安に襲われたのであろう。そして、必死に聖書を読み、祈るなかで、自分よりも先に孤独を経験し、苦しみもだえながら神に御霊を委ねていったイエスがはっきり見えたのだろう。そして、「わたしは、おまえと共にいる」という信仰に立ったんだと今私は思う。それでこそ「ぼくは死ぬのは怖くないいんだ。死とは永遠の眠りなんだ」って確信をもって言うことができたのであろう。

「私たちはひとりではない」

私は、残されたカナダでの日々、日系人一世、二世のおじいさん、おばあさんとできるだけ関わりたいと思っている。それは、彼らが日本から移って来て、一生懸命働き、財を蓄えたと思ったら、戦争が始まり、財産を没収され、強制収容所に入れられ、戦争が終わって、無一文でバラバラに散って行った。そしてまた働く。彼らの手を握るたびに、苦労の歴史を感じる。彼らはずーっと孤独と闘ってきた人たちだ。言葉は今でも日本語しかしゃべれない人がいる。老人ケアの人事募集の条件として、「日本語の話せる人」とある。三世、四世という、もうほとんど日本語のわからない人たちの社会、そしてカナダ社会、どちらにも完全に属することができないのである。しかし、私たちが忘れてはいけないことは、彼らもカナダ人なのである。彼らは今、死を目の前にし、死の孤独と社会に溶け込めない孤独の中にいる。

私は研修で、彼らのそばで、彼らの歴史に耳を傾けたい。そして、馨くんも手紙に書いてくれたように、おばあちゃんたちに、孤独のとなりに神様がいてくださることを伝えたい。カナダ合同教会の新信仰告白は、“We are not alone”（私たちはひとりではない）という言葉から始まる。カナダに渡って来た日本人……多くの苦労と疎外感と孤独を味わい、いま死を迎えようとしている一世、二世のおばあさん、おじいさんにとって、この“We are not alone”は、心からアーメンといえる言葉であろう。

馨くんは浜松で、私はカナダで、共に見つけたことは、孤独のとなりに神様がおられることであった。

（一九八六年十一月）

インマヌエル――老人ホームで

心の中の大きなコンプレックス

昨日初めて雪が降った。しばらく雪が降って地面が真っ白になった。……もうカナダは冬だ。

クリスマス・フォーマル・パーティーも昨日終わった。フルコース・ディナーに、ディスコに楽しかった。授業もあと一か月……目の前に迫るレポートの締め切り……なかなか思うとおり勉強も進まず、ストレスがたまっている。カナダに来てから私は一〇〇パーセント心から楽しめない。どんなに楽しくしていても、自分の心の中はコンプレックスの塊でしんどい。

レポートもうまく捗《はかど》らない。友達と一緒にいろいろなところに行く。そして楽しく遊ぶ。しかし、いつも自分の心の中で満たされないものがある。集団の中の孤独……気が重くなる。

受話器に手をかけ、日本の友達に電話しようとする。ルームメイトのリタが手帳を取り上げて言う。「てる子、いつも自分でも言っているように電話をかけるお金はないはずよ！　がまんしなさい。寂しかったら手紙を書きなさい。何がストレスなの。私に話してごらん」と。

私の机の横に一枚のカードがある。『NO MORE ☎ CALL TO JAPAN IF I MISS MY 👨👩 WRITE TO THEM! NO MORE ㊎ FOR ☎ MY 👩 WILL GET 😠 SAVE AND I WILL BE ☺』（日本に電話かけるお金はなし、もし寂しくなったら手紙を書きなさい。これ以上電話代にお金を使ったら、お母さんが怒るよ。お金を節約しよう。そしたら☺）

みんな、この札を見ては笑う。私は思いとどまる。急に涙が出る。止まらない。リタにはわからないように、机に向かって一生懸命無言で勉強しているふりをする。ボロボロ、訳もなく涙が出る。「帰りたい」と心の中で叫ぶ。リタは、私が珍しく黙っているんで、「どうしたの？」と心配そうに言う。私は「ホームシックだから、どうしようもないし、ほっといて」と答える。しばらく沈黙。

リタが黙って部屋を出て行く。私は声をあげて泣く。十分ほどひとりきりで思いっきり泣いた。部屋の外からリタや友達のローナ、アイリーンが私の部屋に来る足音が聞こえた。「ハロー！　JAP!（日本人！）」と明るい声を響かせながら入って来る。彼女たちは、私がホームシックで寂しいから慰めているんだというそぶりはしない。私をいつもの冗談で笑わせようとする。私の顔にいつもの笑顔が戻った。彼女たちも安心して、「じゃー寝るね」って言って、キスしてくれる。私は彼女たちに「Good Night and thank you very much for cheering me up」（お休み、励ましてくれてありがとう）と言う。涙が出るので、彼女たちの顔を見ずに言う。彼女たちは、「何がありがとうなん？　明日の九時にベッドの上に乗ってでも、てる子を起こして、朝食に連れて行くし、覚悟しーや」と言って出て行く。なんとなく心が晴れる。心の中でルームメイトのリタや友達のローナ、アイリーンに「ありがとう」とつぶやく……。人の思いやりと優しさが大切なことを学ぶ。

　彼女たちには私の気持ちはわかってもらえないだろう。そして私も一〇〇パーセント楽しむことはないだろう。また、コンプレックスに悩まされない日はないだろう。しかし、

カナダの学生寮で友人と

一時でも笑顔とともに前向きに留学生活をとらえることができるのは感謝すべきことであろう。

さて、私のコンプレックスとは何か？

1　日本人であること……私はやはり文化の違うマイノリティー（少数民族）、共通の話題がない。

2　言葉の壁……日常会話は困らなくなったが、今一つ難しいことやカナダ的な冗談なんか全然わからず、集団の中で孤独を感じる。

3　神学生であること……こちらの人の神学生に対してのイメージは別世界の人。まず私が神学をやっていると言うと、一歩ひいてしゃべる。おまけに牧師となると、変な人種のように扱われる。最近は自分の専攻を話したりしない。カウンセリングの勉強をしていると言って、ごまかすときが多い。なぜなら私の出会う人はクリスチャンでない人が多いからだ。そうして嘘をつく私に腹を立てる。しかし神学部では、クリスチャンでない人のことはいつも無視されている。彼らが我々クリスチャンは云々《うんぬん》と言うとき、それは絶対的であり、他の人は頭にない。寮の中でも神学生ばかりでいつも固まっている。それにはついていけない。

今まで一生懸命私は、自分がカナダにいる意味を見つけようとしてきた。しかし、ふとした瞬間に心の底にある「もう、ダメだ、ダメだ、あーダメだ」が出てくる。私は帰国についていろいろと考え、書いてきた。

しかし日本から届く手紙は――学位を取って帰って来なさい。途中でやめたらダメだよ。初志貫徹しなさい。何のためにお母さんが今まで働いてきたか知ってるの。甘い。あげくは、神様を利用したらダメ。……ショックだった。

神様を利用なんかしていないと言っても、やはり日本にいる人にとったら、私が帰りたいから、その意思を正当化するために神様を利用しているとしか映らないのだろう。そんな簡単に外国でこの私が学位を取れると思っているのだろうか……。私のこの悲しみ、わかってくれないのかなぁー、負け犬になることはダメなことなのか。プレッシャーがかかる。みんな私のことを愛してくれ、思ってくれ、言いにくいことを手紙で書いてまで言ってくれる。とても嬉しい。

最近の私の気持ちは、「もうどうでもいいやっ」であった。神様の御旨と自分の思いってどうやって見分けるの？ と問い返す毎日であった。人の人生ここまできたら突っ走るしかないという感じに思われるが、途中で止まったり、引き返したりする人がいることも忘れたくないと思った。

神様の時

先日、ニノミヤ先生がカナダに来たとき、忙しいなか、私に会ってくれた。さすが先生、一言、「そんなにつらいなら帰って来い。しかし時（カイロス）がいつか祈らな」と言う。どうやって先生に帰国のことを言ってわかってもらおうかと意気込んでいた私に、そんなら帰ったらというアドバイスは逆に「そんな言い方ないでしょ。やっぱりここに残る」という思いを抱かせた。私はもう訳がわからない。「あーダメだ、ダメだ」と溜め息が出る。しかし、はっきりしたことは、神様の時を待つということであった。私のカナダでの生活はイスラエルの人のバビロン捕囚のようだ。（私の場合、自分で進んで来たが。）

エレミヤ書は毎日私を励ましてくれる。「時を待つ」ということの大切さを知る。待つということほど、しんどいことはない。しかしここに導かれたのも神様の導き、ここから出て行くのも神様が時を与えてくださることを信じたい。先日エレミヤ書を読んで、父の『一日一章』を読んだ。

「神の言葉を聞くということは個人的なことであり、霊的なことであるから議論してもしかたがない。本当に神に信頼している人は、神にゆだねることができるのである。自分の意志や、自分の欲望、野心によっている者は神にまかせることができない。将来はどうなるのかだれもわからない。けれども、少なくともきょう神からみ言葉を聞いた、そのとおりに生きよう。あすのことはわからない、あすのことは神にゆだねなさい、と神は言われたのである。すべてを神にゆだねることが大切である。あすを神にゆだねることができてこそ、きょう本当に神に従って生きることができる」（榎本保郎『旧約聖書一日一章』主婦の友社、八二二頁）。

もう遠い先の帰国のことを考えるのはよした。それよりも、与えられている今日を、朝聞いた御言葉に従って生きていこう。従えない自分の弱さと戦いながら……。「あーダメだ、ダメだ！」とつぶやきながらでもいいじゃないか！「明日はどんな日か、私は知らない。晴れか、曇りか、嵐になるか、だけども私は心配しない。明日を守られるイエスがおられる。明日は私にはわからないけど、明日を守られるイエスがおられる」と、むかし口にしていた歌が再び心の中で響いてきた。イスラエルの人にとっても、神様が導き出してくださった「時」があった。「時」を神に委ねて、与えられた一日を一生懸命生きようって思った。お騒がせしました！

二つの老人ホームで

さて、私は先週末、二つの老人ホームへ行った。一つは、まだ自分で自分のことができる人たちのいるホーム。もう一つは、体が悪くて不自由をしている人たちのホームである。

私はたくさんのおじいちゃん、おばあちゃんに会った。日曜日、八人のおばあちゃんとおじいちゃんと礼拝を守った。老人ホームで説教テープを聞きながら自主的に礼拝を守っておられる八十、九十歳以上の人たちである。一番年上の人は九十九歳のおじいちゃんである。目が見えないので、讃美歌はみんなが覚えている歌を歌う。主の祈りもざんげの祈りも、みんな何も見ずに言える。驚いた。認知症が始まっている人たちがこんなにしっかり礼拝が守れるとは……。励まされた。

この週末、四人のおじいちゃん、おばあちゃんと仲良くなった。みんな話したくて仕方ない。私はじっと耳を傾ける。みんなが自分の人生について大まかな話をした後、必ず「私はもう死にたい」、「死ぬ覚悟はもうできた。毎日ここで死ぬのを待っている」と言う。私はなんて言っていいのか言葉に詰まる。無言。悲しくなる。毎日、朝早く起きて、三食ご飯を食べて、ボーッと何をすることもなく一日を過ごし、早く寝て、一日が終わる。

私はとてもつらかった。何も言えない。帰るとき、「あんた、ずっとここにいてくれるんとちがうんか?」と言われた。家に帰れる私は胸が痛んだ。「おじいちゃん、お婿さん探してくれたら、カナダに残るで」と言うと、「今度来るまでに探しとくな」と……。みんな寂しいんだ。私はもう情が移ってしまった。また、おばあちゃんたちに会いに来なきゃあと思った。

老人ホームで（1987年7月）

翌日、体の不自由な人や、認知症の激しい人の行く老人ホームを訪ねた。一人のおばあちゃんに会った。京都出身というので、話が弾んだ。おばあちゃんが突然泣き出した。「私はもうカナダに来て、六十年以上日本へ戻っていやしません。お母さんの死にめにも、お姉さんの死にめにも会えず、つろうございます。私は親不孝もんです。頼っていた主人にも先立たれ、なんでもっとええ妻でいられしませんかったのか、つろうてつろうて。子どもは娘一人います。ええ子でね。けど結婚しとらおまへんので、私が死んだら、ひとりになるでしょ。かわいそうで……」と手を握って離してくれない。私はずっと、おばあちゃんが何度も何度も同じことを言うのに耳を傾ける。ずーっとずーっとおばあちゃんの心を苦しめていたことだろう。私はまた涙が出てきた。そしておばあちゃんの手をしっかりと握って、「おばあちゃん、私らはもう一度天国で会えるんだよ！」と言った。

しかし、おばあちゃんは仏教徒で、私の言葉の意味があまりわからなかったようだ。

私は言葉を換えて、もう一度手を握りながら、「おばあちゃん、死にたいって言ったらあかんで。死にたくなくても死んでいく人かていんねんよ。私の義理のお兄さんなんて癌で死んでしまったけど、最期まで希望を持ってたよ。そしていつか天国で家族四人が再び手を繋いで踊るんだって言ってたよ。おばあちゃんは今生かされているねんよ。神様に生かされている間、一生懸命生きようや」と言った。

すると、おばあちゃんは泣きながら、「ありがとうございます。ありがとうございます。嬉しい、嬉しい、これで安心しました」と繰り返していた。私は「おばあちゃん、私は歳も若いし、おばあちゃんにそんなにありがとうございますなんて言われたらいやや。そやし顔しっかり上げていつも笑っててね」と言った。

おばあちゃんは寂しかった。だれもおばあちゃんの話を聞いてあげなかった。心は罪悪感で苦しんでいた。その苦しみが涙となって溢れたおばあちゃん、六十年以上も日本に帰れなかったおばあちゃん、英語は全くしゃべれないおばあちゃん、私は忘れない。おばあちゃんとの私の関わりは今からスタートだ。

インマヌエル――神様は私たちと共にいてくださる

ホームで働いている人が私に言った。「ここは、現代カナダ版姥捨て山ですよ。」これからたくさんの日系一世のおばあちゃん、おじいちゃんとの関わりが始まる。いやもう始まった。この交わりの中で、神様によって生かされている今日という日の大切さを、死にたいと二言目には訴えるおじいちゃん、おばあちゃんと一緒に自分も学んでいきたい。そしてこの生きがいもなく、ボーッと死ぬのを待っている人たちの顔が生き生きとし、笑顔が戻る日があることを祈っていきたい。

クリスマスがもうすぐ来る。今年のクリスマスはどうやら、明日を守り、そして今日私と共にいてくださる「インマヌエル」であられるイエスの誕生の喜びを噛みしめることができそうだ。そして、神様からの「時」が示されるまでここにとどまり、ここでの生活の中で主から与えられる恵みを教えていきたい。

（一九八六年十二月）

受肉の神

傷ついた癒し人

早くもカナダに来て、三度目のクリスマスを迎える。そして一月には三年の留学期間を終え、帰国する予定だ。

ふと、三年前だれ一人知る人もなく、海を越えて来た自分の姿を思い出すと、涙が溢れてきた。

英語ができず、悔しくて泣いた日々のこと……。

友達ができるか、心配で眠れなかった日々のこと……。

何度も弱音をはき、学校をやめて帰りたいと涙ながら訴えた日々のこと……。

はしかで、アメリカの病院にひとりで入院した日々のこと……。

病院研修の中で多くの人に出会い、共に過ごした彼らの人生の最後の日々のこと……。

いろいろな思い出が心の中に昨日のことのように浮かんでくる。よくここまでこられたなぁー！　苦しいこと、寂しかったこともたくさんあったけれど、その経験が死と向かい合っている人たちの中でチャプレンとして働いたとき、大いに役立った。ヘンリ・ナウエンという人が、彼の本『傷ついた癒し人（*Wounded Healer*）』の中で以下のようなことを言っている。

「だれでも、痛ましい状況の中に全人格を持って入って行かない限り、また傷ついたり、過程の中でつぶされたりしないかぎり、人を助けることはできない。……牧師とは、患者さんの痛みを取り除くのを仕事とする医者のようではなく、かえって痛みを分かち合えるところまで共にいることによって引き下げられる者である。……キリスト教共同体とは、癒しの共同体である。それは、傷が癒されたり、痛みが軽くなったりするからではなく、痛みを共有することによって、すべてが強さに変えられていくからである。痛みを分かち合える共同体がキリスト教共同体なのである」（邦訳、日本基督教団出版局、一三〇、一三二頁参照）。

カナダでの経験を通して持った私の牧者としてのイメージ、それは傷ついた癒し人である。そしてそれは自分の痛みや弱さに目を向け、それと取り組むと同時に、他者の傷を癒すことを準備する人なのだ。

ポリオ（小児麻痺）に二十七歳の時に罹り、すべてを失い、それ以来三十五年間病院に住んでいるベッティーが言う。
「クリスチャンになるということは、他者の痛みや悲しみに携わることよ。真の友とは、お互いの喜びを分かち合うだけでなく、お互いの重荷をも分かち合えるように求める友よ。」

リーン・オン・ミー（私に寄りかかりなさい）

私には、カナダにいるときに流行っていた曲で大好きな歌がある。*Lean on me*『私に寄りかかりなさい』という歌だ。

私たちは、人生の中で時に苦しみや悲しみに出会う。
しかし、もし私たちが賢ければ、私たちはきっといつも明日があることを知っている。
あなたが打ちひしがれているとき、
私はあなたの友、あなたが立ち直り、
もう一度明日に向かって進めるよう手伝ってあげるよ。
私にだって、だれか寄りかかれる人が必要な時が来るのも、そんなに遠くないからね。
兄弟よ、助けが必要な時はいつでも私に声をかけておくれ、私たちは、みんなだれか寄りかかれる人が必要なんだよ。
私も、あなたがわかってくれる問題を抱えているかもしれない。
もしもあなたが負いきれない重荷を負っていたら、
私はいつもあなたのそばにいるよ。
ただ、私に声さえかけてくれたら、
私は、あなたの重荷を分かち合うよ。
友よ、私に声をかけて、
私たちは、みんなだれか寄りかかれる人が必要なんだよ。

私は、カナダでたくさんの人から親切を受けた。孤独の苦しさに涙を流していたとき、友がそばに来て慰め、励ましてくれた。これらの友を通して私は、受肉の神に出会った。神様は友を通して働き、そして私に「わたしはどんな時もあなたと共にいる」ということを伝えてくださった。

神はひとり子をこの世に送ってくださった。「見よ、おとめが身ごもって男の子を産むであろう。その名はインマヌエルと呼ばれるであろう。これは、『神われらと共にいます』という意味である。」このイエス・キリストは生涯を通して、苦しむ人、虐げられている人、悲しんでいる人のそばに行き、慰め励まし、もう一度立ち上がる力を多くの人に与えた。そして、このイエスは、神の子でありながらも、おのれをむなしくしてしもべの形をとり、人間の姿となり、十字架の死に至るまで人間の負うところのすべてを負ってくださったのである。私たちは、このイエスからどんな状況の中でも神は私たちと共にいてくださるのだという希望を与えられた。

今日、私はカナダからこのイエス・キリストの誕生を皆さんと共に祝いたい。そして、彼の生き方に感動し、彼に従って行く者となりたい。私たちが、イエスに従い、人々と共に歩むとき、私たちは私たちすべてを背負ってくださる神様に出会えるのである。

（一九八七年十二月）

父の死

罪悪感

私はときどき今でも夜泣きすることがある。夜眠りにつこうとすると、一つの場面が頭の中に浮かんでくる。昨晩もうなされた。それは父が死んでいく姿である。父が死んで、もうすぐ十年になろうとする今ですら、私は夢でうなされる。なぜだろう？

私はカナダに来るまで父の本を読もうとしなかったし、父の説教テープを聞こうとしなかったし、父のことを話してくれる人の話を聞こうともしなかった。おまけに自ら進んで父の話をしようともしなかった。むしろすべてを拒絶していた。心理学で言う父の死の否定である。

今私はカナダでカウンセリングの勉強をしている。その勉強を通して今まで私を無意識のうちに苦しめ、父の死を拒絶していた原因を見いだし、自分で自分のカウンセリングをしている。すべての思いをだれも父のことを知らないカナダで吐き出し、私は多くのことに気づき始めた。父が死んで以来、私は心の底で、父を死に追いやった責任は自分にあるのではないかと思ってきた。この罪悪感が私を九年間も無意識のうちに苦しめ、家庭内で様々な問題を起こしてきた。

父、兄、母、姉とともに（1964年12月22日）

父がアメリカへ出発する前々日、私の家で一つのことが起こった。たくさんの訪問客で賑わう我が家で、当時十四歳であった私は父に注目してもらいたいため、一つの嘘をついた。テレビを見ていた私に父は、「てる子、電話帳知らんか？」と聞いた。私は「そんなんどこにあるか知らん」と言って父を無視した。（実は、私は電話帳を自分が使うために二階へ持って行ったので、どこにあるか知っており、父も私が使ったことを知っていた。）「てる子、本当に知らへんのか？」「そんなん知らへん、邪魔せんで。」「よし、もしも二階にあったら、おとうちゃんはおまえのこと許さへんからな!!」「ええよ、ほんまに知らへんもん。」父は二階に上がって行き、電話帳を見つけ、ドタドタと階段を駆け降りて来た。やばい!! と思って逃げ足になった私だったが、すでに遅く、父は私を見ると、いきなり大きな電話帳でバシーと私の頬をたたいた。「おとうちゃん、許して。嘘ついて、ごめんなさい」と叫ぶ私を、そばにあったほうきで何度も何度も無言でたたいた。あんなに怒った父を見たのは初めてであった。私は二階に逃げて行き、しばらく泣いた。

ご飯時に信者さんと家族が楽しそうに食べている声を二階で聞いていた私は、階段の中段まで降りて行き、じっと座って、「私はここにいるんですよ」と言わんばかりにシクシク泣いていた。父が「もういい。許したるし、降りて来て、ご飯食べんか」と声をかけてくれた。私は内心嬉しかったが、トボトボと下へ降りて行き、「おとうちゃん、ごめんなさい」と言って輪に加わった。

しばらくしたら、もう私たちは元の仲の良い親子に戻り、父は私をひざに座らせてくれ、私も父にじゃれた。すべてのことがみんなの前で起こり、父が死んだ後、「もしも、てるちゃんがあの時あんなに先生を怒らせなかったら、先生は死ななかったかもしれない」という声が、十四歳の私の耳に入ってきた。私もそう思った。この嘘が私をずいぶん苦しめてきたのである。

父の死

父の死、それは壮絶なものであった。父をアメリカで最初に見たとき、もう自分の知っている父の顔ではなく、怖かった。そばにいるのも怖かった。父は最後の一日、部屋の外に聞こえるぐらいの大声で「ウォーウォー」とうなっていた。私はその声を廊下で聞いていた。部屋に入る勇気がなかったからだ。しばらくして、父の「ウォーウォー」といううなり声が小さくなってきた。あれ、おかしいと思い、私は母のところに走って行き、「おとうちゃんの様子がおかしいで」と言った。父が家族と親類の者と友人の歌う讃美歌の中で死んでいったのは、それから数時間後であった。

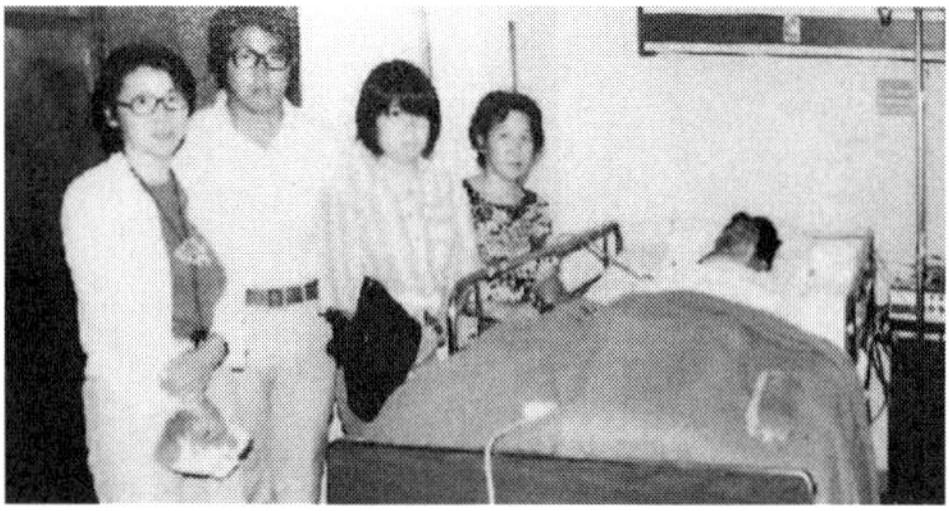
父の病室で（1977年）

私は人が死んでいくのを初めて見た。不思議だった。父の息がだんだん大きくなり、そして静かになり、そして止まった。その次の息をしない……あっけなかった……。

後宮先生が最後のお祈りをした。私は、ベッドの横にある心電図を見た。一本の線が続くなか、ときどき少しその線が上に上がる。私は心の中で、「おとうちゃんはまだ死んでいない……死んだなんて言わないで。信じられない……」と叫んだ。しかし、事実は変わらない。私たちが父を残し、病室を離れてしばらくして、兄一人がいなくなっていることに気がついた。みんなで捜したあげくわかったことは、兄はひとりで病室に残り、父の死んだ体を抱いて泣いていたということであった。

私はアメリカでお葬式の時、冷たくなった父の体をたたいて「起きてよ」と叫んでいた。それは幼いころ、父の教会の人が亡くなって、お通夜に父と一緒に行ったとき、そこの子どもで私の友達のMちゃんがお母さんの死んだ体をたたいて、「お母さん、たたいても、起きてくれないの、おかしいね」と言っていた同じことを、私も自然にしていたことに、今気づいた。

否定から受容へ

私はこうしていろいろな思いを自分の外に出すことにより、父の死を乗り越えようとしている。これが私のカナダでの勉強である。

私は少しずつ事実に目を向けようとし始めている。そして自分の持ってきた罪悪感を見つめ直し、父の死を受け入れ、新しく生きようとしている。今、私は一生懸命父の本を読み始めた。そしてカナダでの苦しみの中で聖書と父の『一日一章』を読み、励まされ、力を与えられている。私の中で再びドンガバチョのような顔をした父がよみがえり、語り始めている。私はこうした心の中の対話により、ますます父のような生き方……自分の信じたものに命をかけて、失敗しつつも向かっていく生き方がしたくなってきた。不思議なものである。

十年を迎える来年、今までの罪悪感で父の死を否定した生き方から、父の死を受容し、もっと父のことを知っていこうと思う。

（一九八六年四月）

「さようなら」のブランコ

二つのブランコとトランポリン

悲しみや嘆きや苦しみ、つまりグッドバイ（Good-bye）のブランコに乗るということは、愛する人が死んだり、自分が病気で苦しんだり、離婚したり、自分の希望がかなえられなかったり、失業したり、受験に失敗したり、恋人と別れたり、様々のことから起こる。そんな悲しみや嘆きや苦しみにグッドバイを告げることは非常に難しい。

空中ブランコのことを想像してみよう。グッドバイのブランコに乗っていて、ハロー（Hello）のブランコへ行こうと思ったら、一生懸命ブランコをこがなきゃならない。そしてハローのブランコに移ったときは、本当にホッとする。また、落ちたとき、地面にたたきつけられると思うよりは、網があって、怪我をせずにすむと思ったら安心してトライできる。そして何度も落ちて、網に助けてもらうことによって、だんだん上手になり、無事にもう一つのブランコに移ることができるようになる。

しかし一つ気づくことは、左の図では、下にあるのが網ではなくトランポリンであるということだ。なんで網じゃなくてトランポリンなん？と思うだろう？　そうや、トランポリンには跳ね返す力がある。そやし、落ちても、もう一度跳び上がれるし、うまくいけばハローのブランコをつかめる。けれど、網は、落ちてきた人を怪我しないように包む。しかし落ちたら、今度はまた自分でグッドバイのブランコまで戻って行かなきゃならない。

ここで初めてトランポリンの意味がわかった。トランポリンが下にあると、ブランコから次のブランコに移ろうとするとき、とても安心である。そして、落ちて来た人を「おー、かわいそうに」と言って包み込むだけで、「あとは自分でやりっ」と言って放ったらかしにするのではなく、その人に合った位置に戻してあげる役目があるのだと思う。また、人によって跳ね上がる力は違う。しかし、トランポリンはその人が落ちて来た以上の勢いでその人を上にあげたりしない。そして何度も落ちては跳ね上がるうちに高くなり、ブランコに手が届くようになる。何がカウンセリ

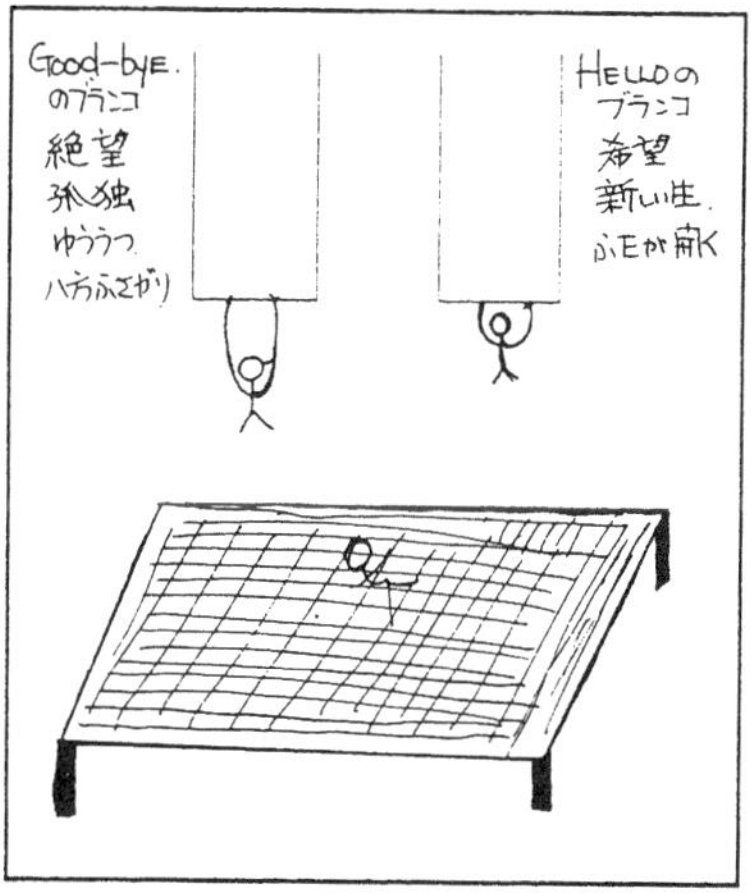

ングと関係あるの？ と思われるだろう。

そう、このトランポリンとは聖書であり、コミュニティーであり、教会であり、友達であり、援助をする人なのである。人は、いろいろな悲しみや嘆きや苦しみに人生の中で出会う。もしだれもいなかったら、不安で次のステップに移れない。

私の夢は、このトランポリンの一つ一つの網目としての教会員同士のつながり、友とのつながり、そして牧師もその網目の一つとして、信者と手を組んでいけるような教会づくりである。

そして大切なことは、トランポリンは網目だけでは何にもならない。それを張る鉄棒が必要である。支えがあって初めて、ただの網ではなく、トランポリンになるのである。その支え、トランポリンの中心こそイエス・キリストなのである。

前述したが、トランポリンはその人が落ちて来た勢いに応じて、その人を上に跳ね上げる。このことから、だれでも同じような方法で励ましたり力づけたりしても通用しないことがある。その点、聖書には、その時にかなって人を慰めたり、力づけたりする力がある。

しかし、教会やコミュニティーのことを考えてみよう。これらの機関が人をサポートしていくとき、その人に合ったサポートの仕方とは何なのであろう。それはその人を知らないと、わからない。本当につらい時も、嬉しい時も、楽しい時も、共に分かち合うなかでその人を知ることから生まれるのであろう。

それでは、初めて来た人は時間も経っていないし、あまりわからんし、何にもできひんやんか、という疑問も起こる。確かに、初めて出会う人は何が問題なのかとか、その人を知ることは難しい。それじゃこの人たちのトランポリンにはなれないのか？と考えたとき、大切なことはその人をも仲間に巻き込んでいく、またいろんな人の証しが教会で語られることが、その人のトランポリンとなることではないかと思うようになった。

多くの人がキリストに生かされている証しを、生活を通して語っていくとき、同じ苦しみを味わった人、また同じ喜びを味わった人が、初めて来た人の中にもいるかもしれない。このことにより、「あーあの人も私と同じことを経験したのか……あの人はこんな苦しみの中にいるのか……」という連帯感を持つことができるようになるのではないだろうか。

一人の人がすべてを経験することはできない。牧師一人が、いろんな人のトランポリンにはなれない。トランポリンに落ちても、当たる場所はいつも違う。そのように、人によって共有できるものは違う。しかし、ある部分が引っぱられると、他の部分はその部分についていくように、みんな一人ひとりが支え合っているのである。私は教会の中で、もっともっといろんな人が証しを語ってほしいと思う。

グッドバイ（さようなら）のブランコ

次に考えたことは、グッドバイのブランコに乗ることである。私たちは、このブランコに乗ることを嫌がる。そしていざ乗ると、このブランコにグッドバイを告げるのが非常に難しい。しかし、このグッドバイのブランコに乗らないと、ハローという安らぎや希望や新しい世界はやって来ない。（これは信仰も同じである。キリストに従っていくということはとても大変である。つらい、苦しい、面倒くさい。しかし、その先にはいつもハローのブランコがある。ハローのブランコ、それは喜びであり、希望である。）

私は、自分について一つのことに気づいた。私は父を失った。好きだった人とも別れた。しかしすべて、私はいつも次のようだった。

グッドバイを言いきれず、片手でグッドバイのブランコを持ち、もう片方の手でハローのブランコをつかみ、そして足はほとんどトランポリンにつきかけているのである。結局、グッドバイの手を離したようで離しきれず、新しいライフに行っているようで行っていないのである。

今グリーフ（Grief）のプロセスの勉強の中で、父の死のことを考えている。一つ問題点を見つけた。私の父が死んだとき、アメリカということでいろんなことが違っていた。病院で父が死んだ後、死体を引き取ることができず、死体を病院に置いたまま、ホテルに帰った。父のお葬式の後、日本であれば、火葬場までついて行って、最後のお別れをし、焼けるまで待ち、骨を拾うのだが、アメリカは焼く習慣がなく、焼くとしたら十二時間もかかり、お葬式の後はみんなでホテルに帰り、次の日、メッキ箱につめられた父の粉々の骨をもらい、爪と髪の毛の一部をもらい、それで終わりだった。私の中では、ほんまにこれが父の骨なのかとか、どんなふうに扱われたんやろう、などいろいろ思い、父と別れきっていなかった。

（「キリスト者の死は神のもとに帰ることだし、再会の時があるんだし、悲しくなんかないものだ。死体なんかにこだわる必要はない」と言われるかもしれないが、私としては、大切な人の体が私の目の前からなくなる、しゃべれなくなるということは、とても悲しいことだし、信仰があろうとなかろうと、悲しいもんは悲しいのである。）

結局、自分の中で、父にグッドバイが十分言いきれないまま、悲しみからのサバイブのため、自分の新しい生を考え、「父の死」の事実に目を向けようとしていなかった。

恋愛にしても、大学時代、私としては真剣につきあった人と変な別れ方をし、そのことでも同じようなことが言える。グッドバイをしきったと思い、そして新しい生活に目を向けて生きているはずなのに、もうかれこれ二年半ほど経つが、彼に対する怒り（anger）やいろんな思いが、新しい出会いにブレーキをかけている。

しかし、こうしたことに気づくということは、私にとっての真のハローのブランコへ移るプロセスにとって意味深いことである。

そして、もう一つ気づいたことは、いつもブランコから落ちたとき、私にはトランポリンとして聖書があり、友がいて、そして甲子園教会の仲間がいたということである。特に、若い世代の教会の仲間との交わりが、多くの苦しみの時、私を支えてくれた。感謝なことである。

グッド・フライデイ

今日は「グッド・フライデイ」(Good Friday)である。グッド・フライデイとはイエスが十字架についた日である。イエスが十字架について殺された、とても悲しい出来事である。そしてイースターとは、ハローのブランコに乗ることである。

イエスの死は、決してムダではなく、神の栄光をあらわすためのものであり、そして私たちの救いのためのものであったことを、イエスの復活から私たちは知る。このグッド・フライデイに主の十字架を覚え、礼拝を持つことは、イースター同様に大切である。換言すれば、グッド・フライデイなしにイースターの喜びはないのである。イエスの十字架から復活への道は、私たちに悲しみや試練から喜びや新しい人生への希望の道を示してくれる。私たちが自ら十字架を負っていくとき、聖書から励まされ、力を与えられ、仲間から励まされ、その中で主に出会い、その喜びを語らずにはいられなくなるのである。

裕兄さんの日記の中に、こんな文があった。

「私の苦しみの間も、私を訪ねてくる喜びよ。私はあなたに対して心を閉じることができません。私は雨の間も虹を描きます。そして、約束はむなしいものでないと思えてきます。それは、悲しみがきっと涙ぬぐわれるようになるためです。」

十字架は（日本語では）―、―の線からなっている。私たちは十字架を背負っているとき、―の線である神との対話が必要であり、そして同時に―の線である仲間とのつながりも必要である。トランポリン……それは―、―の両方なのである。

どんな苦しいときにも、イエスの十字架と復活というすごい出来事を思い、意味を考えていくとき、そしてトランポリンであるコミュニティーがあることを知ったとき、グッドバイのブランコからハローのブランコへ飛び移ることができるのであろう。

このグッド・フライデイの日とイースターの日にもう一度、主の十字架と復活の意味をかみしめてみよう。アーメン

（一九八六年三月）

はじめての病室訪問

自信のない私

五月六日（水）

また、朝が来た。昨夜は緊張して眠れなかった。いつも目が五時ごろ覚める。あー行きたくないなーと思いつつも、行かねばならない。重い足を引きずりながら病院に行く。

午前中は、どのようなゴールをこの研修から得たいのかを決める方法論を習った。私は自分自身のゴールの一つとして、言葉のハンディをどこまで越えて患者さんの中に入っていけるか、そのことによって自分自身について自信をつけられるかということをあげた。また、信仰に関しても、温室育ちの私にとって、自分自身の信仰の成長、また自分自身の信仰はどんなものなのかを発見したいということを書いた。

私の最大の欠点は、何に対しても今自信がないことである。自信を持つことは人間にとって大切なことである。言葉に対して自信がないと、どうしても人としゃべるのが億劫になる。逃げる、受け身になる。私はいつも、自分が話した後、「私の言っていること、わかりますか？」と確かめる癖があるとスーパーヴァイザーに指摘された。「それをやめることが自信につながるよ、もしわからなかったら、ぼくらが君に『わかりますか』と聞かれる前に、君が何を言ったのかを確かめるから安心しなさい」と言われ、ちょっと気が楽になった。

私は信仰に対しても、今一つ自信がない。私は私の信仰がどんなものかわからない。復活のこともわからないし……。自分には神様が本当にいつも必要なのかと問う時もある。しかし、私はいつもこの自分の信仰にこだわっている。信じていないのなら、捨てたらいいのに、どうしてもこだわってしまう。私は自分の信仰に自信がないため、人に強く伝道なんてできない。これじゃダメだ！　自分自身の信仰を今回見つめ直し、もう少し明確化したいと思っている。

九時半から十時半まで、病院日誌の書き方について学んだ。患者さんを訪問したら必ず牧師も、病院日誌に患者さんの様子、そして問題点を書かねばならない。これを書くことによって、いろいろな人がチームとなって、その患者さんのケアにあたれるわけである。チームワークとしてのケアの方法には欠かせないことである。しかし、書き方もややこしく、うまく要約して患者さんの様子を描かなければならない。私の頭はたくさんしなければばならない義務でパンクしそうだ。

ふと、あーなんでこんなこと選んでやってしまったんやろー。日本でしたら、もっと楽やったのに……。なんで英語で患者さんのこと書かなあかんねん。日本でこんなプログラムが神学部にないのが悪いんじゃ！ そやし私がこんなに苦しまんとあかんのや！ と腹が立ってきた。私がまず越えなきゃならないのは、言葉の壁である。この壁が、私の前途に大きくそびえている。気が重くなる。

はじめての病棟訪問

十一時から十二時まで、患者さんから見た病院についての講義があった。とても面白かったが、昼から待っているはじめての病棟訪問のプレッシャーで何を学んだのかよく覚えていない。昼からとうとう運命の時が来た。

私はまずアシスタント・スーパーヴァイザーのフィルに連れられ、リハビリを終え老人ホームに行くのを待っている人の病棟を訪ねた。フィルが師長さんに私を紹介してくれた。私は、何か自分も言わなければと思い、師長さんに「私は日本から来て……」と言い始めたが、なぜか言葉に詰まり、涙が溢れてきた。もうそれからは涙だけ……なぜ私は泣いたのかわからない。たぶん積もり積もった不安（自分にはハンディがあるが、うまくやれるか、期待に応えられるか、また患者さんや看護師さん、そして家族に受け入れてもらえるか、など）が、師長さんとしゃべり、どっと出て、涙が出てきたのであろう。師長さんはとても良い人で、「大丈夫だよ！」と手を握って言ってくれた。

この病棟には後で戻ることにして、フィルと一緒に次の病棟に向かった。私は、行く階段で深呼吸して心を落ち着けた。この病棟は末期癌病棟である。フィルが手取り足取りで訪問の仕方やいろいろなことを教えてくれるのかと期待していたが、私を師長さんに紹介した後、「それじゃ、自分でやらなければいけないと思うことをしなさい」と言って、去って行った。私は戸惑った。なんと冷たい！　私は日本人やし全く何をしていいのかわからへんねんよ……。私はしようがなく、師長さんに何を私がしたらよいのか聞いた。

今度の師長さんはフィリピン人で、なんとなく親しみを感じた。患者さんの症状は末期の癌で、みんな自分が癌であることを知っている。（みんな六十歳以上の人たちである。）しかし、癌であることを否定している人も多く、「死」や「癌」についてすぐに話を始めないほうが良いというアドバイスをくれた。

彼女は最後に、「もし、死んでいく人がいて、あなたをその死に際に呼んだとき、あなたは死を看取ることに対して不安を感じますか」と質問してきた。私は答えに困ったが、「わかりませんが、挑戦してみたいと思います」と答えた。これは大変な訓練の時となりそうだ。何がこの先待っているのか想像もつかない。不安を感じた。患者さんに自己紹介をするには、私にはもう勇気もなく耐えられる自信もなかったので、次の日に患者さんに会わせてほしいと言って、一番初めに行った病棟へ足を運んだ。

師長さんは「待ってました」と言わんばかりに、患者さんについていろんな情報を与えてくれた。とても優しい、包容力のある師長さんである。この人なら信頼できると思った。数人の人を特に訪問してほしいと言われた。

ウィニペグ病院での研修

最後に師長さんは、「あなたが東洋人であるため、ある老人はあなたのことを拒否するかもしれないけれど、個人的なレベルで受け取って傷ついたらだめよ。あの年代で認知症の始まっている人たちだから、許してあげてほしいの。悲しいことだけれど、しようがないのよ、もしそんなことがあったら、私に言ってくださいね。ここはチームケアだから、気にしないで、できることをしてくださいね」と言った。

私は、これだ！と思った。私が一番心配していたことは、自分が東洋人で黄色人種であるため、受け入れてもらえないかもしれないということだった。このことをはっきりと師長さんに言われて、なぜか心が少し楽になった。私は師長さんと話し終え、クタクタになり、ここでも「明日、患者さんに会わせてください」と言って逃げて帰った。心の準備もできないまま患者さんに会うのは怖いことであり、ハンディのある私はゆっくり進もうと思い、患者さんに会うのを次の日にした。

この後、クラスメイトとの分かち合いの時、私は自分の不安について語った。レイというおじさんのクラスメイトが「そんなに心配しなくてもいいよ。ぼくが思う、君に与えられている賜物を言ってあげよう。君は神様からすばらしい笑顔と、そしてその素敵な目の輝きを与えられているんだよ。それだけで、患者さんの心の中に入って行けるよ。たとえ言葉にハンディがあろうと……」と言ってくれた。この言葉で私は、今日救われ、感謝した。そして何かをしようではなく、ただそばにいるということの大切さを、分かち合いの時を通して学んだ。

（一九八六年五月）

偏見って本当につらいよ

お年寄りとの接し方

五月七日（木）

今日もまた病院に行く足が重い。あーまたか……今日は特別に重い。理由は今日はじめて病室へ患者さんを訪問するからだ。あーどうなるんだろ。不安しかない。期待なんて一つもない。気分を変えなきゃと、楽しい思い出を心に浮かべるが、ちっとも心が晴れない。嵐のように心が騒いでいる。聖書の中に、イエスが荒海を静める話があったことを思い出し、「神様、私の心を静めてください」と祈りながら病院に行く。

午前中はお年寄りの認知症の症状、治療方法、そしてどのように接するかという勉強を、映画を通してした。とても興味深かった。私たちはともすると私たちのペースでお年寄りの態度を判断し、蔑ろにしたり、無視したりしやすい。しかし、お年寄りももちろん人間である。私たちは尊厳を持ちつつ接していくべきである。尊厳という言葉が重要である。

私は、ニッポニア・ホームという日系人一世の人たちの老人ホームへ定期的に行っている。このウィニペグに来る前にも訪問した。そのとき、一人のおじいさんを訪問した。まず気をつけたことは、彼が座っていたので、私も屈み、目が同じ高さになるようにしてしゃべった。また、手を握った。彼は話している間、ずっと私の手を離さなかった。年を取ると、このようなスキンシップが大きな意味を持つ。ここまでは良かったが、今日の勉強を通して反省させられた点がたくさんある。

私は彼を「おじいちゃん」と呼んでしまった。この「おじいちゃん」に親しみを与えるために使ったのだが、ときにこれはお年寄りに混乱を招くことを今日学んだ。「こんな孫はいなかったはず。なんで見知らぬあなたが私を『おじいちゃん』と呼ぶのだ」と言って怒る人もいるそうだ。お年寄りの人格の尊厳のためにも「～さん」と呼ぶべきであることを学んだ。

また、質問をしたとき、答えがすぐに返ってこない場合、よくすぐに次の質問をしたりする。これも間違いである。ひょっとしたら、この人は答えるのが遅いのかもしれない。待つということをしなければならない。自分のペースではなく、その人のペースに合わせることの大切さを感じた。

私はいつもこの老人ホームで、一人のおじいさんが「ぼくはもう死にたい」と話しかけてくるのに、どう答えていいのかがわからず、「そんなん言わんと……」と言って話を変えてしまう。しかしこれも間違いである。これは、私に何かを話したいという信号なのである。私は次回このおじいさんに会ったら、何がそんな思いにさせているのか、この人からもっと深い心の思いを聞きたいと思う。今まで入り口を開いてくれていたのに、その言葉への返事を避けて話題を変え、その人の心の思いを汲み取れなかったことも反省した。自分の取ってきたお年寄りに対する態度を大いに反省し、多くのことを学んだ講義であった。

講義の最後に面白い話を聞いた。お年寄りは低いトーンの声のほうが聞きやすく、受け入れやすいのだそうだ。その点、男の人は得をしている。しかしお年寄りに自分の存在をわかってもらうには、何か印象を与えなければならない。その効果的な方法の一つが口紅である。その点、女の人は得をしている。ところが、カルチャークラブのボーイ・ジョージが出て来たとき、この人をこの病院の看護師として欲しいと思った、と先生が言った。(なぜならボーイ・ジョージは男で低いトーンの声をしているうえ、化粧をして口紅をぬっていて、両方の条件を満たしているからである。) なかなか面白い話だった。

とにかくお年寄りに接する態度の勉強になった。たくさんのことをこの二、三日で習い、少々消化不良を起こしている。

休憩の時、クラスメイトの一人の女の人が急に自分の男性問題について私に話し始めた。彼女は泣いていた。私は彼女の話をじっと聞いて、そして「きっとうまくいくよ」と言った。彼女は「ありがとう」と言って落ち着いた。あまりに急だったんで驚いた。この経験が後になって、私が落ち込んでいたときに慰めとなった。

私が病院訪問から帰って来て、疲れきり、これからどうやって訪問をしていったらいいんだろうとつぶやいたとき、彼女が「今日テリー〔私の愛称〕が私にしてくれたようにしたらいいのよ。どれだけ私はあのことでテリーに感謝しているか。無理しなくていいのよ。テリーはテリーのままでいいのよ。そばにいるだけでいいのよ」と励ましてくれた。私のしたことはたいしたことではなかったし、当たり前のことである。そのことがこんなに意味深いものであったと思わされた。

お年寄りの尊厳

さて、今日ははじめて病室を訪問した。初めは、老人ホームに行くのを待っている人たちの病室へ行った。師長さんに「ちょっと用事があるんで、待ってて」と言われ、私は何もすることなく、ボーッとしていた。

一人のおばあさんが車イスに乗って、廊下にいた、少ししゃべった。「私はテリー、日本から来ました。ちょっと言葉にハンディがあります。これから三か月間ここでチャプレンの研修をします。どうかよろしく。また、お話しに行きますので、しゃべってください」と自己紹介をした。彼女はニコニコして、「いつでも来てください」と言っていた。

黒人の看護師さんが来て、そのおばあさんに「リハビリの時間だから、エレベーターに乗って二階に行きなさい」と命令調で言った。彼女は下を向いたまま「行きたくない」と言っって、動かなかった。すると、その看護師さんが、彼女の車イスを後ろから突き放すように言て前へ押した。「早く行きなさい」と。私は、なんと怖い人、そんなやり方をしなくてもいいのにと思った。なんだかおばあさんがかわいそうになった。しかしいらんことしたらダメと思い、じっと廊下で様子を見ていた。この看護師さんが私に念を押すように、「あんたは慣れていないからわからないけれど、ときにはこうした突き放しが必要なのよ。私は十三年間ここで働いているから、その時がわかるの。こんな言い方がかわいそうと思うけれど、彼女を甘やかすと自分でできることもなくなるでしょ！　自分でできることがわかったほうが、喜びが大きいのよ」と言う。私は彼女の機嫌を損なわない程度に同意したが、もっと言い方があるだろうと思った。

私はその看護師さんに気づかれないようにして、おばあさんの横に行き、「私が一緒にあそこのエレベーターまで行くから、自分で車イスを押してみましょうや」と言った。彼女はしばらく考えて「ＯＫ」と言って、一生懸命車イスを漕ぎ始めた。私はあまり手伝ったら看護師さんに怒られると思い、またおばあさんが何を言っているのかも聞き取れず、ちょっと険悪な雰囲気になった。すると、おばあさんは別の黒人の看護師さんを見つけ、名前を呼び、来てもらい、そして車イスを押してもらってエレベーターの中に消えた。私は話し方一つでこれだけ態度が変わるのか、やはり命令調は駄目だと思った。

お年寄りの尊厳を大切にすべきだということを学んだ。しかし、私をたしなめた看護師さんはこのおばあさんのことが気になり、ときどきどうしているのか確かめていた。あまり生意気なことを新入りの私ができないし、なかなかしんどい思いである。まず、看護師さんから拒否されている感じがした。たぶん私が英語力の不十分な東洋人だからであろう。もし私が白人の男だったら、態度は違うだろうなぁーと思った。だいたいの看護師さんは感じが良い。しかし、中には二、三人根性の悪そうな人がいる。クソー負けるもんかと思った。

拒絶される経験

一人のおばあさんの部屋へ行った。看護師さんが私を紹介してくれた後、そのおばあさんはすぐ、「私は訪問なんて要らない」と言った。私は頭をガーンと金槌で打たれたような気分になり、目の前が真っ暗になった。どうしたらいいのかショックで一瞬言葉を失った。とうとう予想していたことが起こり始めたのである。私は「どうもお邪魔しました。お会いできて良かったです」と言って、その部屋を出た。

　次に行った部屋のおばあさんはとても内向的な人で、車イスに座り、ひとりでボーッとしていた。看護師さんが私を紹介してくれ、そして出て行った。私は彼女のそばに寄り、「私の名前はテリーで、日本から来たチャプレンの研修生です。これから三か月間ここにいます。ときどきあなたを訪問できたらと願っています。もしよろしければ、お話をしてください」と言った。しばらくして彼女が「なに？　あんたの言ってること、わからない」と言ってきた。私は繰り返した。すると彼女は「私はあんたとしゃべることなんかない。訪問なんて要らない」と言った。私はまたしても拒否された。こんなにはっきりした形で人から拒否されたのは、私にとってはじめてのことである。もう頭がガーンとなり、目の前が再び真っ暗になり、オロオロしてどうしてこの会話を終えたらいいのか悩んだ。言葉に詰まり、「そうですか、お会いできて光栄でした。またいつかお話しできることを願っています」と言って、慌てて部屋を出た。私はもう希望を失い、オロオロ廊下を行ったり来たりしていた。前途多難である。

気を取り直して

しかしこれじゃいけないと思い、二十分ほどして立ち直り、もう一人のおばあさんを訪問した。ここではとても受け入れられ、楽しい会話ができた。ちょっと立ち直り、廊下に出ると、師長さんがいたので、彼女に頼んであとのほとんどの人を一緒に訪問した。師長さんがいると心強い。ほとんどの人が受け入れてくれた。ただ一人のおじいさんがこれから私と話をするかどうかは、また考えると言っていた。

けれども、どの人を中心に訪問すべきかの目途がついた。私は今まで多くの人に関わろうと肩を張っていたが、この訪問を終え、私は少しの人とゆっくり焦らずに深い関わりを持っていこう、と決心した。欲張らずにできることからしていこうと思い、師長さんに「私は大きなことはできません。小さなことをしていきます。それでもいいでしょうか」と聞いた。すると、「その小さなことが大切なんですよ。私はあなたをチームの一員として迎えられることを喜んでいます」と言って、手を握ってくれた。

私は、二人のおばあさんにきっぱりと断られた話をした。すると、「それはしようのないことだし、個人的なレベルでそれを取ったら駄目ですよ」と慰めてくれた。断ったうちの一人は今、精神的にとても落ち込んでいて、だれに対しても同じ態度であること、そしてもう一人のおばあさんはとても内向的で、だれも彼女の性格をまだ把握できていないことを話してくれた。ちょっと気持ちが楽になった。一番ケアを必要とするのはこの二人であろう。しかし、今の私の精神状態、また英語力では空回りするだけであろう。少し待ってみよう。

最後に一人のおばあさんが来て、私の顔をじっと見て、「あんた、インディアンか？」と聞いた。私はウィニペグに来て、よくネイティブアメリカンと間違われる。しかし今回ほど自分の人種と人種差別を経験したことはない。あー明日からどんな生活になるのやら、不安である。

この病棟を訪問した後、癌病棟へ行った。師長さんが患者さんを紹介してくれた。ここはなんか前に行った病棟とは異なり、人を欲している感じを受けた。みんな、そばにいて話してもらいたいという感じであった。

私は何を話していいのかわからず、深い会話をすることもなく、表面的な挨拶をして今日は帰った。

明日からが本番である。自分でしゃべる人を探して訪問しなければならない。明日からは私次第である。一日中逃げることもできる。しかし不安を乗り越えて話しに行くこともできる。自分次第である。あー不安である！

祈りとクラスメイトの支え

仕事が終わり、クラスメイトの一人アルと一緒にウィニペグの公園へ行った。一日のすべてが終わり、公園で緑を見て、花を見て、心が落ち着いた。

私はこの病棟訪問の前、心が嵐のように騒いでいた。目を閉じ、神様に「落ち着かせてください。心を開かせてください。あなたから力を与えられますように」と一生懸命祈った。

寮の友人たちと

私のクラスメイトがそんな私の祈りを察して、部屋を出る前に「祈ろう」と言って、みんなで祈った。私はとても嬉しかった。この仕事をするには、神様の力に頼る以外ないと、ひしひしと感じている。

イエスのことを思い出した。イエスはいつも大勢の人たちと接した後、ひとりで山に行き、祈っておられた。あのイエスでさえも、ひとりで静かに祈り、大勢の人たちに接していく力を養っておられたのである。私にとって大切なことは、やはりイエスのようにひとりで祈り、神様の前に自分の思いを告白し、神様によって力を与えられていくことだろう。それがないかぎり、人と接していくことはできないと思った。自分の心が乱れていたら、態度にも出る。ひとりで心を静め、神様の前に頭をもたげて祈ることの大切さを感じる今日このごろである。

（一九八六年五月）

死と向き合う（1）

ミセス・Hとの出会い

五月八日（金）

病院日誌を書いているとき、看護師さんに「特に今日私が会ったほうがいい人はいますか？」と聞くと、「ミセス・Hがもう死にそうです。でも彼女の牧師にも連絡がとれていますし、家族も来ているので、特別にしてもらうことはありません。でも、もし勇気があったら、部屋に行ってみてください」と言われた。

私は一瞬ドキッ！　とした。病棟訪問をし始めてまだ四日ほどしか経っていないのに、「死」を近くに感じなければならないのである。ちょっと待ってよ……、まだ心の準備ができてないよ……。でも、この病院もチャプレンがいて、ケアをしていることを家族に示すためには行かなきゃと思ったり……。別に彼女の牧師が来てるんだったら、行く必要なんてないんじゃないかなと思ったり……。しばらくの間、行くべきか行かずに知らなかったことにするか、どうしようかと悩んだ。

彼女の病院日誌に軽く目を通した。勇気を出して、彼女の部屋に行くことにした。部屋に行くと、彼女のベッドを囲んで、彼女の義兄さんと義姉さんが座って彼女の手を握っていた。私は彼らを遠巻きに眺め、「私はここのチャプレンの研修生のテリーです。何かできることがあれば言ってください」と言った。すると義姉さんが、「ありがとう。今、妹は寝ています」と言ったので、私は「それじゃ」と言い、部屋を逃げるように出た。なんとも後味が悪いもんだ！

昼食時ずっと彼女のことが気になった。勇気を出して昼の訪問の一番初めに彼女の部屋に戻った。深呼吸をして部屋に入った。今回は義姉さんだけであった。私は椅子に座り、ミセス・Hの体をさすった。彼女は昨日から食べることを拒否している。そして水しか飲んでいない。そのうえ、酸素を吸うのを拒否している。もう死ぬ心の準備ができているようであった。義姉さんが私に、妹さんのいろいろな性格や思い出について話してくれた。

「妹はもう死を受容しているの。ただ平安のうちにいけたら……。」

私は涙が出てきた。義姉さんに「お祈りさせてください」と言った。私はこの言葉を言って初めて、自分が牧師としてこの場にいることを自覚したと同時に、何を英語で祈ろうか悩み始めた。私は思わず言葉に詰まり、義姉さんに「日本語でもいいですか？」と聞いた。彼女は妹さんの耳もとで、「今日は日本人のチャプレンが来て、あなたのために祈ってくれるよ。言葉は違うけれど、神様は一緒よね」と言った。私はその後、彼女のそばに寄り、手を握って頭に手を置き、心を込めて祈った。

「痛みを取り除いてください。平安を与えてあげてください。」

私は祈りながら泣いた。義姉さんも泣いていた。感動の時だった。私の祈りの間ミセス・Hはときどきうなっていた。「アーメン」と言っているようであった。体が冷たい。一生懸命息をしている。義姉さんが、「ありがとう。たぶん妹は今日中に死ぬでしょう。何かあったら連絡します」と言い、そしてミセス・Hに向かって「天国でまたみんなに会えるのよ！　みんなでまた会いましょう」と語り、泣いていた。

私は最後に、ミセス・Hに「神様はいつもあなたと共にいます。祈ってます。平安があなたと共にありますように」と言って、部屋を出た。

はじめて死にゆく人のそばで祈った。この人の六十二年間の人生を思い浮かべた。また、私もいつかこの人のようになるんだなー、この人のように酸素を取らずに自然に死と闘っていける勇気が私にはあるかなぁと思いつつ、自分の死についても考えた。感動の経験だ。静かにそばで座っている間に、いろいろなことが頭の中に浮かんだ。あー、これからは英語で、死にゆく人のための祈りを、また家族のための祈りを考えなきゃ！と思わされた。

西洋の病院は父の場合もそうであったが、死が近くなると大部屋から個室へ移され、残された時を家族が思う存分その人とともに、だれにも遠慮することもなく過ごすことができる。これは素晴らしいことだ。私も父の死んでゆく姿を見られて、また死ぬ数時間を共に父といられたことを感謝している。

ミセス・Sを再び訪ねる

私は次に、老人ホームへ行く前の人を訪問した。師長さんが「今日はミセス・Sの誕生日だからハッピー・バースデーを一緒に歌いに行きましょう」と言った。私は名前を聞いたとき、ゾッとした。なぜなら、この人は私が一回目に訪問したとき、「あんたの言ってること、わからない。あんたの訪問なんて要らない」と答えた憎たらしいおばあさんであったからだ。私は脅えつつ彼女の部屋へ師長さんとともに行った。

師長さんは明るくミセス・Sにキスをした。そのあと私のことを彼女に紹介してくれた。「ミセス・S、この人を知っていますか?」と聞くと、彼女は「知らない」と言う。私は驚いた。なんで? 覚えてないはずないやんか。私は彼女に「お誕生日おめでとうございます」と言った。すると、明るく「ありがとう」と言い、それから私たちは会話を始めた。まるっきし違う人のようだ。私はその変わりように驚いた。この人にはもう会うこともないと思って悩んでいたのが嘘みたいだ。彼女との会話を楽しみ、彼女もまた来てほしいと言った。とても嬉しかった。不思議なものである。

ミセス・Dらとの出会い

今日はネイティブ・アメリカンの人に会った。彼女もミセス・Sの前回の態度のように私を拒否しているようだ。しかし、今日のミセス・Sのことを良い経験として、このおばあさんをも負けずに訪問しようと思った。

今日はミセス・Dにもはじめて会った。いろいろなたわいのない話をした後、彼女は私に、「あなたはこんな話をしに来たんじゃないでしょ。牧師なんだから」と言った。私はハッとして「そうですね。もっと親しくなってから神様の話や信仰の話を一緒にしたいと思っていました。すみません」と言うと、「祈りましょう」と彼女から言ってきた。「私は……あまり英語でうまく祈れませんが、いいですか？」と言って、しどろもどろで祈った。日本語も出てきてしまった。窮地に追いやられると、すぐに日本語が出てきてしまう。あー、ダメだ。昔から人前での祈りが苦手な私である。訓練しなきゃ！　彼女は祈りを終えた後、「ときどきこうして祈りの会を持ちましょう。私があなたに英語の祈り方を教えてあげるし、訓練しなきゃねー」と言った。全くそのとおりである。頑張るゾー！　次第に自分がチャプレンであるという意識を持つようになっていった。私はやはり「祈り」を訓練すべきである。

今日の訪問はとてもスムーズにいった。こんな日も必要だ！　だんだん自信がつき始めた。自信がつくと、会話も弾む。良い傾向だ！

最後はもう一人のおばあさんと冗談を言い合って別れた。気持ちのいい日であった。

クラスメイトとの話し合い

今日一日の最後はクラスメイトとの話し合いである。お互い性格の悪いところを指摘し合う。相手を目の前に、「あんたのそういう性格が悪いし、嫌いだ」ということを言い合う。恐ろしいことだ。今日はバァル（女性）とアル（男性）の間で議論になった。バァルがアルの悪い性格を指摘する。アルは反論する。二人はもう喧嘩ごしだ。バァルは涙を流している。すごい授業だ！　あんなにはっきりとものをお互いに言い合う。私にはついていけなかった。

しかし彼女のほうがよっぽど彼に近いと思った。私など「何も思いません」と言って逃げている。自分の正直な気持ちを言わない。相手のことを本当に思いやったら、年上だろうが何だろうが、悪い点を指摘してあげるのが誠実なのだろう。私にとって良い勉強になったが、はたして日本で通用するかと思った。また、私もいつかアルのように吊るし上げられる時が来るんだろうなぁーと思ったら、ゾッとした。

今日はいろいろ学びの多い日で、満足して帰って来た。

（一九八六年五月）

死と向き合う（2）

奇跡とは？　希望とは？

五月十三日（水）

今日は一日中、「老人いじめ」「家庭内における老人に対する暴力」について研修を受けた。

午前中、この研修の前にミセス・Hの病棟を訪問した。彼女の部屋を恐る恐る見た。あー、まだ生きていてくれた。良かった……。私は部屋をノックして入った。義姉さんに「昨晩はどうでしたか？」と尋ねると、泣きながら、「昨夜、妹は苦しみました。それはすごいものでした……。いつもなら、夜にモルヒネを打ってもらうと、朝まで静かに寝てくれるのですが……。もうあの苦しむ姿を見るのがつらくて、つらくて……」と話してくれる。

私は思わず彼女の肩を抱いた。「もう早く天に妹を召してあげてほしい……。もう十分です」と彼女は続ける。私は無言のまま彼女の肩を抱き続けた。「また、昼に来ます」と言って、その場を去った。

一時間研修に遅れた。私は研修中も彼女のことが気になり、講義に集中できない。自分の感情をクラスメイトの一人のバァルに話した。

「とてもつらいの……。私はこれまで、その人が平安のうちに天に召されるように祈ったりできなかった。やはり神様に奇跡を起こしてほしかったし、良くなってほしいと祈りたいと思っていたけれど……。彼女を見ていて……奇跡って……希望って、何なんだろう。神様、早く彼女を召してあげてください。平安を与えてください。奇跡って何なの？　むかし私の経験した感情がいろいろ出てきて……とても感情的になってしまうの」と話すと、バァルは、「そうね、つらいでしょう……。でもね、彼女の場合、奇跡とは平安のうちに主のもとに行けることじゃないかしら。彼女の家族も平安な死を望んでいるんだから。そして、テリーは彼女を通して自分が無意識のうちに持ってきた悲しみの感情を乗り越える作業をしなくちゃねぇー」とアドバイスをくれた。私は少し気持ちが楽になった。授業中よだれを出していびきをかきながら寝るのが得意な私は、昼までの講義、昨日の疲れが出たのか寝てしまった。

ミセス・Hの死

午後の三時二十分ごろ、スーパーヴァイザーのグレンに呼ばれた。ミセス・Hが今亡くなったとの知らせであった。そして、私にも来てほしいということであった。

私は一瞬、目の前が真っ暗になった。とうとう来るべき時が来た。スーパーヴァイザーやクラスメイトが「大丈夫か」と尋ねてくれる。私は「やってみます」と言って彼女の部屋へ飛んで行った。

私の行ったときは、総じて終わっており、彼女の牧師さんがやってくれていたので、私は何もせずにすんだ。

牧師が、「彼女は私たちが歌う讃美歌を聞きながら、平安のうちに亡くなりました。本当に静かに亡くなられました、いろいろ支えてくれてありがとう」と言った。私はしばらくの間、彼と話をした。家族は家族室に集まり、いろいろな話し合いをしているようだ。牧師は「そろそろ行かなければ。また連絡ください」と言って出て行った。私とミセス・Hの亡骸とが部屋に残った。

私は彼女のそばに寄り、手を握った。まだぬくい。彼女の手を握りながら、私は聖書の言葉を読んだ。

「わたしは、すでに自身を犠牲としてささげている。わたしが世を去るべき時はきた。

わたしは戦いをりっぱに戦いぬき、走るべき行程を走りつくし、信仰を守りとおした。今や、義の冠がわたしを待っているばかりである。かの日には、公平な審判者である主が、それを授けて下さるであろう」（Ⅱテモテ四・六～八、口語訳）。

これは、私の父が死んだとき、ある外国人が私を慰めるためにくれた言葉である。そして、私は彼女のために祈った。

私は、彼女の亡骸を一人にして部屋を出ることができなかった。それは父の亡骸を病院に残して宿舎に帰ったとき、父が寂しいだろうなぁと思ったことや、死体がどのように扱われるのか心配した思い出がよみがえってきたからである。彼女の死体と三十分ほど一緒にいた。手を重ねて、そして目が開いてきたので閉じてあげた。どうしても十年前に経験した父の死んだ姿が頭の中によみがえり、彼女とダブってしようがない。父の死がまたしても近くなってきた。

そうしているうちに、彼女の義姉さんが最後の別れをしに来た。彼女は妹の体を抱いて語りかけていた。父が死んだ後、私の兄がいなくなり、捜すと、父の亡骸を抱いて泣いていたということがわかった。私は彼女を見ながら、兄のあの時の気持ちを想像した。そして、兄が彼女のように父に別れを言っていたんだなぁ、と思った。

看護師さんがご遺体の処理をしに来た。看護師さんは本当に偉いと思う。何人、死んでいく人を見はったことやら……。そして、病気の人の下の世話をし、ご遺体の処理まで……。すごいなぁと感心した。

チャプレンとして

彼女の義姉さんは、涙を流して私に抱きついてきた。私は彼女に、「あなたは立派に最期まで妹さんのことを思い、付き添ってベストを尽くされました。きっと妹さんも嬉しかったと思いますよ！　これから大変だと思いますが、私のできることがあれば、何でも言ってください」と言うと、彼女は「ありがとう。ありがとう。また、連絡します。あなたも連絡ください。きっとあなたの助けが必要な時が来ると思います。連絡が取れなくても、諦めずに連絡を取り続けてください」と話し、家族室に消えて行った。

チャプレンとしてのはじめての経験であり、私は緊張した。部屋を出ると、クラスメイトのバァルとグラントが心配そうに私を見に来てくれた。彼女たちの支えがあってこそ、私は今回のことを乗り越えられたのだと思う。クラスメイトの守りに感謝した。

今日は精神的にも肉体的にもクタクタで、もう疲れきっている。父の死と彼女の死がこんなにもダブるとは思っていなかった。

（一九八六年五月）

悲しみと立ち直り

悲しみとは？

愛する者の死を経験した者は、様々な悲しみのプロセスを通る。グリーフ（悲しみ）とは何であるか？　悲しみとは、人間が何かを失った時に感じる、人間にとって自然で健康的な感情である。たとえば、愛する者の死、別居、離婚、流産、肉体的な能力の喪失、失業、破産、新しい地への引っ越し、夢が実現できなかった時など、私たちは深い悲しみに陥る。このようなとき、私たちは決して悲しみの感情を殺してはいけないのである。この感情は人間にとって健康的であり、自然の感情である。涙を流したり、悩んだり、叫んだりするなかで、悲しみの事実を事実として受けとめられるようになる一方、新しい目で事実を見、そして与えられている生活を一生懸命生きていくことができるようになる。

人間にとって何かを失うことは、とてもつらいことである。しかし、そのときに持つ感情と自分が取り組むなかで、人間は成長し、強くなっていくのである。

私たちは、ともするとグリーフ（悲しみ）の感情を表現することをタブーのように思っている。たとえば、人前で涙を流すことは、恥ずかしいことであり、弱さを表すことであると思ったりして、この涙を隠してしまう。涙は、表現できない感情を表面に出し、その感情から解放される最も有効な方法なのである。私自身、様々なグリーフ（悲しみ）と取り組むなかで、ずいぶん声を出して泣いてきた。悲しい時は泣いてもいいのである。

私たちは、また、無意識のうちに悲しみに耽《ふけ》っている人のところへ行き、失ったものについて話すことを避けやすい。失ったものを話題にするのをタブーのように思ったりする。しかしこのような態度は、ぎこちない会話へと結びつく。

父の死を通して

私が父の死を経験して、最初に学校に行ったときの感情を、今でも忘れられない。しばらく学校を休んでいたため、全く別の世界へ行くような気分であった。友達には、どうせ先生から父の死を知らされているだろう。友達がどのように反応するか、不安であった。私には三つの矛盾した感情があった。

一　私はもう大丈夫！　だから決して私をかわいそうだなんて目で見ないで！　普通にしていて！

二　もっと父のことを聞いてよ！　私は気持ちを分かち合いたいのよ！　私の気持ちを無視しないで！

三　特に友達が自分たちのお父さんのことを話していたとき、私は、なんでそんな話をするの？　みんな私が父を亡くしたことを知っているんでしょ！　私は、みんなのようにお父さんの話がもうできないのよ！　もっと気を遣ってよ！

ずいぶん自分勝手な感情である。しかし、喪失感を味わっている者は、とても傷つきやすく、また周りの人の言葉や態度に反応しやすい。神経がとても敏感になっている。

学校にはじめて行って一番嬉しかったのは、中学の親友が帰るとき、一枚のカードをくれたことだ。彼女は私の父の死を聞いて、一つの詩をくれた。全文は覚えていないが、最後に、「友達とは、喜びを二倍にし、悲しみを半分にする」というようなことを書いてくれた。私はこの一文によってずいぶん救われ、彼女の配慮に涙が出るほど感謝した。この言葉は、今でも私の心の中で生きている。

私が父を失ったころ、よく口にしていた歌がある。中村雅俊が歌っていた『ふれあい』という曲である。

「悲しみに出会うたび、あの人を思い出す。こんな時そばにいて、肩を抱いてほしいと。慰めも涙も要らないさ、温もりが欲しいだけ。人はみな一人では生きてゆけないものだから。」

悲しみの中にいる人と接するのを逃げてしまうのが、人間の弱さである。大切なことは、そばにいて、哀しみやかわいそうだという思いではなく、その人の話に耳を傾け、温もりをもって見守ってあげることである。同情やかわいそうにという目は、悲しんでいる人に必要ではないと私は思う。そうした感情が人を、悲しんでいる人から遠ざける結果となる。

一人の女性との出会い

私は、カナダでの病院研修をするなかで、ポリオ（小児麻痺）に二十七歳の時に罹り、それ以来三十五年間病院に住んでいる一人の女性に会った。彼女と、毎週火曜日にいろいろな話をした。彼女の人生に耳を傾けた。彼女は、病気との闘い、障がいの受容、再び人間として生きていく努力、二人の子どもとの別離、そして愛する夫との離婚など、様々な悲しみを経験してきた。

彼女は本を書いている。とても素晴らしい本である。その本の中で彼女は、「クリスチャンになるということは、他者の痛みや悲しみにこだわることである。このとき、真の関係が他者との間で生まれたことを認識する。真の友とは、互いの喜びを分かち合うだけでなく、互いの重荷を分かち合うことを求める友である」と書いている。障がいを人生の幸福の真っ最中に負った彼女は、多くの友との出会いによって、励まされ、支えられ、投げやりの人生から、新しい人生を生きていくという前向きの姿勢へと変わったのである。彼女の本は、その歩みを明確に書いている。

ある日、彼女と癒しの奇跡について話し合った。彼女は、「私にとっての癒しの奇跡とは、私の病気が完全に治る薬が見つかること、障がいを乗り越えていくのに、友が支えてくれること、そして暗闇の中でも、事実を事実として受けとめ、障がいに取り組み、そして新しい生へ前向きに生きていけることよ！」と言った。私は彼女の言葉が忘れられない。

六つのポイント

悲しみから立ち直るには、六つのポイントが考えられる。

一　すべての感情が人間にとって自然であり、健康的な感情であることを理解すること。
二　事実をいつか受け入れられることを信じること。
三　いかにして事実を受容し、成長するかを学ぶこと。
四　援助してくれる友、組織を探すこと、自分はひとりではないことを認識すること。
五　与えられている生をもう一度精一杯生きることを学ぶこと。
六　自分の持っている悲しみの感情を何度も話すこと。（不思議なことに、最初に話した悲しみの感情は、何度も同じことを話すうちに、自分の中で処理され、前ほど悲しくなくなり、新しい感情が生まれる。)

ここで述べたポイントは、おおまかなものであり、人によって立ち直る方法は違う。それゆえ、必ずこの条件を満たさなければいけないという決まりはない。

この悲しみのプロセスを終えることは、決して愛していた人を心に留めるのをやめることではないということも書き留めておきたい。

私が大学二年生の時、義理の兄が癌で天に召された。最近、彼のお母さんから手紙が届いた。彼女の手紙の中に、以下のようなことが書かれていた。

「数週間前に、峠口先生〔裕義兄さんが癌で苦しんでいるときに、家族を含めて、いろいろな援助してくれた牧師〕と話したとき、『裕君のことが良い形で落ち着いてきて、彼の神に対する態度が心の中で生き始めた。特に、説教の用意をしているときに、それを感じる』と。その後、峠口夫人が、『るつ子〔姉の名前〕さんの礼拝の奏楽も素晴らしい。裕さんの音楽に対する姿勢が、るつ子さんのオルガンの演奏に受け継がれているような感じがするの』と。それを聞いた峠口先生が、『なるほど、演奏の中で、それで礼拝の時、裕君が我々と一緒に礼拝を守っているように感じるのか。るつ子さんの演奏の中で、裕君が今でも生きている』と言ってくださいました。裕が天に召されて五年を過ぎた今でも、みんなの心の中で裕が生きていること、神様の不思議な業でしかありません。」

肉体的な心を痛める思い出が、彼女の心から取り除かれ、そして神に対する裕さんの生き方と良い思い出が、彼女の中で生き始めるのに、五年という期間がかかった。私は、授業で悲しみから立ち直り、事実を事実として受けとめ、愛する人の良い思い出が良い形でよみがえってくるには、平均五年かかるということを聞いた。彼女の心の中で、裕さんがよみがえり、そして生き続けていると信じる。彼女の悲しみとの取り組みは、終わりに近づいている。しかし、今でも愛している人のことを心に思い、違った目で彼を見ようとしているのである。

思い出がよみがえること、そして思い出が今生きている私たちの心の中で生き続けるようになることが、大切なことだと私は思う。

ところで、人間が何かを失ったときに経験する感情には、どのようなものがあるのか、しばらく考えてみたい。人によって経験する感情は様々である。ここでは代表的な感情を六つ紹介したい。

一　ショックと否定

失ったことを否定することが、最初の反応の代表的なものである。それと同時にショックも経験する。これらは人間の自然な反応である。「こんなことが実際に私に起こるはずがない」という思いと叫びが、この段階の特徴である。この後、だんだん失った事実に目を向けていくことができるようになる。

さて、このとき牧会者としてはどのようなことをしたらよいのだろう。私が出席した、悲しみの中にいる人へのカウンセリングの授業で、一つのフィルムを見た。ある女性が、子どもを火事で突然亡くし、それ以来、この「ショックと否定」の段階にいる。その人に対するカウンセリングであった。カウンセラーは、この女性に娘の写真を見せる。彼女はその写真を見ることができない。それでも毎回カウンセラーは女性に写真を見ることを強制し、娘さんの思い出を話させようとする。彼女は回数を重ねるごとに、だんだん娘の写真を見ることができるようになり、最後には、娘の死の事実を受け入れることができるようになる。そういうフィルムであった。

事実を否定している人に、事実を見ることを押しつけるこの方法論もどうかと思うが、私もこの方法論を用いて、ある患者さんのカウンセリングを行った。彼女は三年前に一人娘を癌で亡くし、そのショックで言葉を失い、今は自分が癌の末期で私たちの病棟に入院して来た。看護師さん、スタッフ一同、彼女と会話をすることができず、彼女の脳が癌で冒されているために、まともに話せないのではないかと、スタッフ会議で話し合った。私は、彼女を訪問するたびに、彼女の個人史を調べたり、彼女の世話をしている人から話を聞いたりして、「娘さんの死」に鍵があるように思った。案の定、彼女との話の中で、私が「ママ」と呼ぶと、彼女は乏しい英語で「ママ」と言って泣きだした。私は、「娘さんのことを思い出したのか」と聞くと、彼女は反応を示し、「娘、三年前、癌、死んだ」と乏しい英語で泣きながら話し始めた。私は、彼女には少々酷かと思ったが、毎回行くたびに、彼女に娘さんのことを聞いた。彼女は次第に、英語で少しずつ自分のことを話すようになった。

ショックを受けて事実を否定している人に、事実を突きつけるのは、酷なような気もするが、事実を見ることがなかったら、決して立ち直ることはできないのである。ここでは、相手のことを心で誠実に気にかけながら、荒療治をしなければならない。

二　怒り

何かを失うことは、とてもつらいことであり、不公平に思えることもある。私が病院研修をしていたとき、一人の人の死を家族と一緒に看取った。家族は愛する者の死を看取りながら、「なんで、こんな良い人が癌で死なななきゃならないの。神様はあまりにひどすぎる。神様がもしいるのだったら、なんでこんな良い人を苦しめるの！　世の中には、悪い人が何人もいるのに……。不公平よ！」と怒りを私にぶつけてきた。また、神にも怒りを向けていた。「なぜ」という言葉で怒りが連発される。

私自身も父の死を経験したとき、「なんで神様は、神様の御用をしに行った父をこんなめにあわせるのか。私たちの祈りをどうして聞いてくれないのか」と怒りを散発したことを、今でも覚えている。この怒りの感情を抑えるには時間がかかる。しかし、この感情を乗り越えることがいつかできる、と信じることが大切である。

さて、牧会者としての配慮は、まず家族に、愛する者が死ぬとき、自分の感情を十分に発散させてあげること。変な慰めをするよりも、黙って聞いていること。神様がどうのこうのと話しても、あまり意味がないうえ、論争をしたり(「これも神様のみこころかもしれない」などと言ったり)しないこと。そのような回答は、遺族自身が悲しみと取り組むなかで、自分自身で見いだしていくことであると私は思う。お葬式の時も、遺族の者がだれにも遠慮せずに十分泣き叫べる機会を作ること。

詩篇には嘆きの詩というものがある。これは私たち人間に、悲しみや叫びや怒りを神にぶつけることを許してくれる。嘆きの詩の多くは、神よ、なぜ私をお見捨てになるのですか、という祈りで始まっている。イスラエルの人々は、どのような苦難においても、自分たちの祈りに耳を傾けてくれる神様の存在を信じ、怒りをも祈りとして神様にぶつける。私たちキリスト者も心の中で相手のことを祈りながら、彼らの怒り、叫び、持っていきようのない思いに、じっと耳を傾けていくことが、ここでできることではないだろうか。

三　罪悪感

何かを失ったとき、最も強く持つ感情は、「～しておけばよかった」、「～していたら○○は死ななかったかもしれない」、「私が～したために～になってしまった」、「もう少し～しておけばよかった」という後悔と罪悪感の交じった思いである。私自身が最も苦しんだのもこの感情である。

私もこの罪悪感の段階にずいぶん長い間いた。父の死後、私は家庭内暴力に走った。母に対する暴力がエスカレートした。母と顔を合わせては喧嘩をした。私の生活は、学校へ行き、良い子として友達と接し、家に帰り、部屋のドアを開けると、別人に変身する。ドアを閉め、ひとりで部屋に閉じこもり、ご飯もひとりで食べ、家族と顔を合わせると、すぐに喧嘩をし、あげくの果ては、母にずいぶんひどい暴力をふるってきた。何が私をこうしたのだろう？　とカナダで考え始めた。いろいろな理由が考えられた。その中でも最も大きな理由は、父の死に関する罪悪感であった。

父がアメリカへ出発する前々日、私の家で一つのことが起こった。たくさんの訪問客で賑わう我が家で、当時十四歳であった私は、父に注目してもらいたいために、一つの嘘をついた。

テレビを見ていた私に、父は、「てる子、電話帳知らんか？」と聞いた。私は、「そんなんどこにあるか知らん」と言って、父を無視した。（実は私は、電話帳を自分が使うために二階に持って行ったので、どこにあるか知っており、父も私が使ったことを知っていた。）「てる子、本当に知らへんのか？」「そんなん知らへん。うるさいな、邪魔せんで。」「よし、もしも二階にあったら、おとうちゃんはおまえのこと許さへんからな！」「ええよ、ほんまに知らへんもん。」父は、二階に上がって行き、電話帳を見つけ、ドタドタと階段を駆け降りて来た。やばい!! と思って逃げ足になっていた私だが、もう間に合わず、父は私を見るなり、いきなり大きな電話帳でバンッと私の頬をたたいた。「おとうちゃん、許して。嘘ついてごめんなさい」と叫ぶ私を、何度も無言でそばにあったほうきの棒でたたいた。あんなに怒った父を見たのははじめてであった。私は二階に逃げて行き、しばらく泣いていた。

ご飯時に、信者さんと家族が楽しそうに食べている声を二階で聞いていた私は、階段の中段まで降りて行き、じっと座って「私はここにいるんですよ」と言わんばかりにシクシク泣いていた。父が、「もういい。許したるし、降りて来て、ご飯食べんか」と声をかけてくれた。私は内心嬉しかったが、トボトボと下へ降りて行き、「おとうちゃん、ごめんなさい」と言って、輪に加わった。しばらくしたら、もう私たちは元の仲の良い親子に戻り、父は私を膝に座らせてくれ、私も父にじゃれた。

すべてのことがみんなの前で起こり、父が死んだ後、「もしもてるちゃんがあのとき、あんなに先生を怒らせなかったら、先生は死ななかったかもしれない」という声が聞こえてきた。私もそう思った。あの嘘が私をずいぶん苦しめてきた。そして私は家族の者もきっとそう考えているに違いないと思い、家族の輪の中に入れない自分のもどかしさに苦しんだ。

また、父が死んでしばらくして、母が「近江八幡に引っ越したとき、てる子がお兄ちゃんの隣の部屋にしてくれて、二人ともが二階にいてくれたら、私はもっとおとうちゃんと過ごすことができたのに……」（私が下の部屋を欲しいと主張した結果、父は二階で、母は下で私の隣の部屋で寝なくてはならなくなった）と言った言葉が、私の心に突き刺さり、母に対して悪いことをしてしまったという思いが、謝るという形でなく、かえってどうしようもない、持っていきようもない思いとして、暴力へと変わってしまった。あのころの私の家族のソシオグラム（社会家族図とでも訳しましょうか）を書くと、下の図のようである。

社会家族図

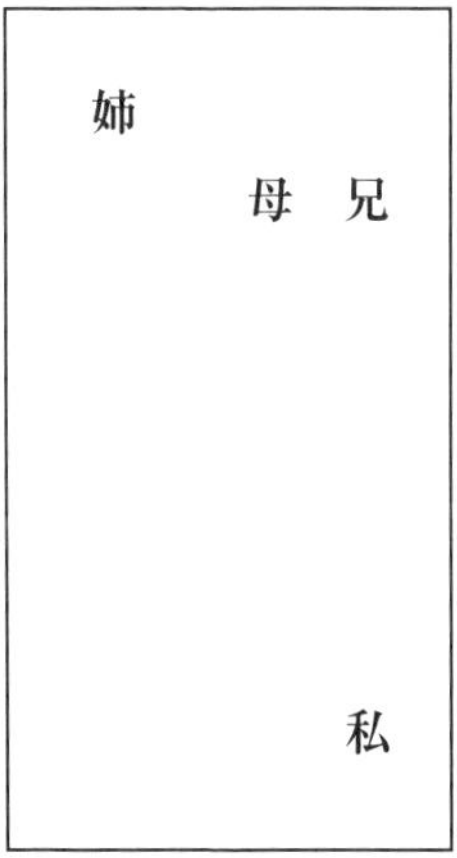

（説明＝母と兄の関係は近い。姉は結婚していたが、母との関係は近い。私はだいぶん距離

を置いたところに孤立している。これは家族の危機状態である。〕
あのころ、自分の持っていた罪悪感を家族に話し、お互いを援助し合えていたら、家庭内暴力を少しは防げたのではなかろうか。この罪悪感は、家族内、個人に様々な問題を起こす。この気持ちを隠さずに話せること、そして私たちはただ人間にしかすぎず、自分たちにはどうしようも動かすことのできないことがあるということを覚えるのが大切である。
この罪悪感は、自然で健全な感情であり、それを話すことによって、自分だけの中で苦しんでいる罪悪感から徐々に解放されていくのである。牧会者にとって必要なことは、その人の持つ様々な感情に敏感になり、ノン・ジャッジメンタル（裁かない態度）でその人の気持ちを聞き出していくことである。ここにおいても、アドバイスをしたり、あなたの罪は許されているとかと説教したりしてもしようがない。
許しの体験は、その人自身が話をするなかで、また神様との出会いのなかで、自分自身で経験し確認していくものである。けれども、話を真剣に自分の立場に立って聞いてくれる人が必要なのである。

四　意気消沈

しばらくの間、体力的にも精神的にも虚無感を味わう。この時期は何もしたくなくなり、体もダラダラする。

私は、病院研修の際、親しくしていた患者さんが亡くなってしばらくの間、何かをする気力がなくなった。三週間ほど、虚無感に陥った。しかし、だんだん一つずつ小さなことをし始め、もう一度何かを真剣にする態度を得た。

この時期に大切なことは、無理をせず、小さなゴールを決め、階段を一段ずつ上がって行くように、もう一度自分の生に対する生き方を取り戻していくことである。牧会者として大切なことは、家庭を訪問したり、食事を作って持って行ったり、小さな心配りが大切である。

五　孤独感

何かを失ったとき、人は孤独感を味わう。普通の時よりも敏感に孤独を察する。自分は何かを失った。しかし、自分の人生は相変わらず続いているという感情は、孤独感へとつながっていく。これから自分はどうやって生きていくのか？　という不安は、「あー私にはできない。先が真っ暗だ。どうやって生きていくの？」という感情へと結びつく。このとき、真の友が最も必要となる。私はひとりではない。私には支えてくれる仲間がいるという感情が、この段階を乗り越えるのに大切である。

何かを失ったときというのは、愛する者の死だけではないことを前にも書いた。私は、大学時代お付き合いしていた人（私としては真剣な付き合いだったのだが）と別れたとき、しばらくこの孤独感を味わった。今まで一緒にどこへでも行っていた人なのに、もう私の隣にはいない。つらい……なのに私の人生は続く。そして、彼はもう新しい生活を楽しそうにしているのに、私は喪失感に悩み、孤独を味わいながら惨めな生活を送っている。もうたまらなかった。

けれども、私には私の話を聞いてくれる仲間がいた。そして、励ましてくれ、私の愚痴に付き合ってくれる友がいた。私は、今でもあのときの友達のありがたさを忘れない。これが友達だと思った。私も過去に足を引きずられながらだが、将来を見つつ立ち直っていけた。この孤独の時期に友が本当に必要なのである。

六　希望

すべての段階の感情を越えることにより、この希望の段階に達する。この段階は、失ったものを失ったものとして受けとめ、そして希望をもって将来の自分の生への歩みを考え始められるようになる。

私の経験した心の癒しと、この希望の段階のことを少し述べたい。

私は、カナダで病院研修をしていたとき、自己探求の作業をグループの中でさせられた。また、家族についても考えさせられた。自分の問題点を探るのである。私の主な問題点の一つは、自分自身をすべて見せない、いつも人に受け入れられる範囲で自分を出していること、私にとって最も大切なことは、「人から受け入れられる」ということである。それゆえ、自分はカメレオンのように、いろいろな人と和を保つため、自分の一部だけを見せ、自分自身がどんな人間なのかもわからなくなっている。自分に自信がないということである。私は、自然と「自分自身」を出しきると嫌われるという恐怖感を持ち、自分は魅力のない人間だと悩んでいた。

私は、自分の行動を分析し、「人を愛する」表現の仕方をこの二十四年間知らなかったように思った。幼いころ、忙しい父、いつも信者さんの相手ばかりしている父に対して、心の中で、「これは私の父なの。私だけの父なの」という思いを持っていた。父の関心を引くために、父を困らせ、注目してもらわなければならなかった。父が怒ったとき、私は父の愛を独り占めしたような気になった。なんとも卑屈な表現である。父の死後、私を苦しめていた父と私の最後の思い出も、「嘘」と「たたかれる」というものであった。私が父を怒らせたため、父の死が起こったという罪悪感は、父は私を愛していなかった、父から拒絶されたという思いを私にいだかせた。

私は、自分が付き合っていた男友達と別れたときも、この拒絶感を味わった。結局私は、自分自身のありのままをさらけ出したとき、みんなから拒絶される。自分は愛されない、魅力のない人間だと悩んでいた。

病院研修の時、ある同僚から、ある日突然、「てる子、ちょっと時間ある？　私……あなたのこと、怒っているの。私の気持ちを聞いてほしいの」と言われ、私は驚いた。え！　私……何かしたんかな？　昨日あんなに自分の悩みを涙を流しながら告白してくれたのに……わからん……どうしよう……彼女、真剣に怒ってるで……これで私たちが築き上げてきた友情も終わりかんしら……と泣きそうな顔になった。

彼女は、私が昨日、彼女の悩みを聞きながら、自分が答えられないと思ったら、さっと逃げたことにとても腹を立てていたそうだ。せっかく信頼していたのに、その信頼を壊すような態度を私が取ったことで、私に失望したと泣きながら話してくれた。

私は、彼女の話を唖然として聞いていた。こうして私の目の前で私を批判してくれたのは、彼女を含めてそうたくさんいない。私は、自分の非を認め、謝った。そして正直な気持ちで、彼女に「もうこれであなたは私のこと嫌いになるでしょう。そして、今まで深めた友情を自分は自ら壊してしまいました。もう今までのように話してくれなくなるの、残念です」と話した。すると、彼女は怒ったような口調で、「何を言っているの、テルコ、ただ私はあのときのテルコの態度に失望しただけなのよ。どうでもいい子なら、こんなことわざわざ言わないわよ。テルコに対して悪い気持ちを持ち続けたくないから、テルコに話したのよ。私はテルコのこととても好きよ。この気持ちは変わらないわ」と言った。

郵便はがき

恐縮ですが 切手を おはりください

164-0001

東京都中野区中野 2-1-5

いのちのことば社

出版部行

ホームページアドレス　https://www.wlpm.or.jp/

お名前	フリガナ	性別	年齢	ご職業
		男・女		

ご住所	〒	Tel.　　　（　　　）

所属（教団）教会名	牧師　伝道師　役員 神学生　CS教師　信徒　求道中 その他 該当の欄を○で囲んで下さい。

アドレスをご登録下さい！

携帯電話 e-mail:

パソコン e-mail:

新刊・近刊予定、編集こぼれ話、担当者ひとりごとなど、耳より情報を随時メールマガジンでお送りいたします。お楽しみに！

ご記入いただきました情報は、貴重なご意見として、主に今後の出版計画の参考にさせていただきます。その他、「いのちのことば社個人情報保護方針（https://www.wlpm.or.jp/about/privacy_p/）」に基づく範囲内で、各案内の発送などに利用させていただくことがあります。

いのちのことば社＊愛読者カード

本書をお買い上げいただき、ありがとうございました。
今後の出版企画の参考にさせていただきますので、
お手数ですが、ご記入の上、ご投函をお願いいたします。

書名

お買い上げの書店名

町
市　　　　　　　　　　書店

この本を何でお知りになりましたか。

1. 広告　いのちのことば、百万人の福音、クリスチャン新聞、成長、マナ、
　　信徒の友、キリスト新聞、その他（　　　　　　　　）
2. 書店で見て　3. 小社ホームページを見て　4. SNS（　　　　　　）
5. 図書目録、パンフレットを見て　6. 人にすすめられて
7. 書評を見て（　　　　　　　　　　）　8. プレゼントされた
9. その他（　　　　　　　　　　　　　　）

この本についてのご感想。今後の小社出版物についてのご希望。

◆小社ホームページ、各種広告媒体などでご意見を匿名にて掲載させていただく場合がございます。

◆愛読者カードをお送り下さったことは（　ある　初めて　）
ご協力を感謝いたします。

私は泣きだした。「それじゃ……あなたは私のこと今でも好きなの？　これからもいろいろな話をしてくれるの？」「あたりまえじゃないの！　テルコ……なんで泣いているの？　何か思っているんでしょう」と聞く。私は、「私はね……あなたのような人に出会えたの初めてなの！　私は、自分自身の弱さを出すと、今までみんな私から去って行ったの。私は自分自身を出すと愛されないと思っていたの。でもね……あなたは、今日私のしたことに対しては、腹が立っているけど、私を好きだっていうことには変わりないって言ってくれたでしょ。それが嬉しくて……嬉しくて……」と答えた。すると彼女は、「テルコ……あなたのお父さんもきっと私と同じだったと思うよ。最後に殴られて、拒絶感を味わって、あなたもずいぶん罪悪感に悩んでいたみたいだったけど、テルコのお父さんもテルコのついた嘘には腹を立てていたけれど、テルコを深く愛していたことは変わらないと思うわよ！」と言ってくれた。

私は彼女のこの言葉ではじめて、十年間苦しんだ父の死に関する罪悪感から解放された。父は私を愛してくれていたんだ、という確信が私を変えた。父の愛を確信することは、私自身を愛することにつながった。私は、私自身のありのままを受け入れた。そのことによって私は、人を愛する表現を学び始めた。自分を愛せないことが、私自身の様々な問題の根本であった。

今治教会での早天祈禱会の参加者と（1972 年頃）

私は幼いころから、父の愛を求めた。しかし、父の仕事の関係で、その父の愛を得られなかった。自分の父のようでいて、父でないような思いをずっともっていた。私は、いつも問題ばかり起こしているので、父は私を愛してくれていないと思っていたのである。

カナダに来て、いろいろな友に私の心の思いを話した。様々な専門的なカウンセリングも受けた。しかし、罪悪感を持っていたことを認めることはできたが、そこからどうやって立ち直るのか、ずっと問うてきた。そして初めて、この病院研修を通して、同僚の言葉を通して、私は罪悪感から解放され、そのうえ、新しい生き方を得た。それは、「自分を愛するように、あなたの隣人をも愛せよ」という生き方である。父の愛に気づいた私は、今、自分を愛することを始めた。もうカメレオンのようにいろいろな人の顔を見ながら自分を出す生き方はやめよう。私はありのままでいいんだ。

この父の愛に気づいた私は、急に父との思い出がたくさんある、十二年間住んだ今治に行ってみたくなった。私たちの楽しい思い出が山ほどある。楽しい日々を過ごした今治教会を訪ねてみたい。

父の死に対する悲しみの作業は終わりに近づいてきた。しかし、これは決して父のことをもう気にしていないというのではなく、父が私の心の中で息を吹き返し始めたのである。そして、今まで見ることのできなかった父との良い思い出をよみがえらせたくなっているのである。

私は、今まで榎本保郎の娘と言われるのが、たまらなく嫌だった。私には、彼が父だと言える思い出がないし、「あの人」のように父を見てきた。しかし、私にも榎本保郎は父としてたくさんの思い出を与え、そして私を愛してくれていたはずである。ただ、私が持ち続けていた罪悪感が、それらの思い出を見えないようにしていたのだ。今私は、胸を張って大声で言いたいことがある。

「私は、榎本保郎の娘、そしておとうちゃんのこと大好きや！　尊敬してるで。」（ファザコンとでもなんとでも呼んでください。）

このことを、胸を張っていえることが、私にとって父を越えることではないだろうか。

（私の父、榎本保郎は、日本キリスト教団の牧師をしながら、アシュラムという祈りの運動に命をささげる。一九七七年七月二十七日、アメリカ・ブラジルへ伝道旅行に行く飛行機の中、喉の静脈瘤が破裂し、そのままアメリカのサンタモニカにあるマリーナ・マーシィー病院に二週間入院したあと、家族、親類、友人の歌う讃美歌の中、天に召される。五十二歳。最近、私はこの父の死んだ思い出の病院を訪問した。感無量。」

まとめ

何かを失ったときに感じる様々な感情の幾つかを私の経験を交えて紹介した。これは一つのケースであり、みんながみんな同じような過程を経て希望の段階に行くとは決まっていないことを強調したい。共通して言えることは、自分の気持ちに素直になり、そしてきっと希望を持って生きていけるんだと信じていくことが大切であるということである。

聖書に、「喜ぶ者と共に喜び、泣く者と共に泣きなさい」という言葉がある。泣きたい時も人にはあるだろう。その時は、思いっきり泣き、そしてその涙を共に流してくれる友がいることを信じたい。立ち直るには、時間がかかる。いろいろな感情が行ったり来たりする。しかし、悲しみの涙がきっと拭われることを信じていきたい。

カナダで一つの面白い図を習った。(次頁の図参照)

この図だけではなんか、よーわからんと思う。これは、悲しみや、ショックから立ち直るプロセスを空中ブランコで表している図である。

悲しみや嘆きや苦しみ、つまりグッドバイ（Good-bye）のブランコに乗るということは、愛する人が死んだり、自分が病気で苦しんだり、離婚したり、自分の希望がかなえられなかったり、失業したり、受験に失敗したり、恋人と別れたり、様々なことから起こる。そんな悲しみや嘆きや苦しみにグッドバイ（さよなら）を告げることは、非常に難しい。

空中ブランコのことを想像してみよう。グッドバイのブランコに乗っていて、ハロー（Hello）のブランコへ行こうと思ったら、一生懸命ブランコをこがなきゃならない。そしてハローのブランコに移ったときは、ホッとする。また、落ちたとき、地面にたたきつけられると思うよりは、網があって、怪我をせずにすむと思ったら、安心してトライできる。そして、何度も落ちて網に助けてもらうことによって、だんだん上手になり、やがて無事に、もう一つのブランコに移ることができるようになる。しかし、一つ気づくことは、下にあるのがこの図では網ではなくトランポリンであるということだ。なんで網じゃなく

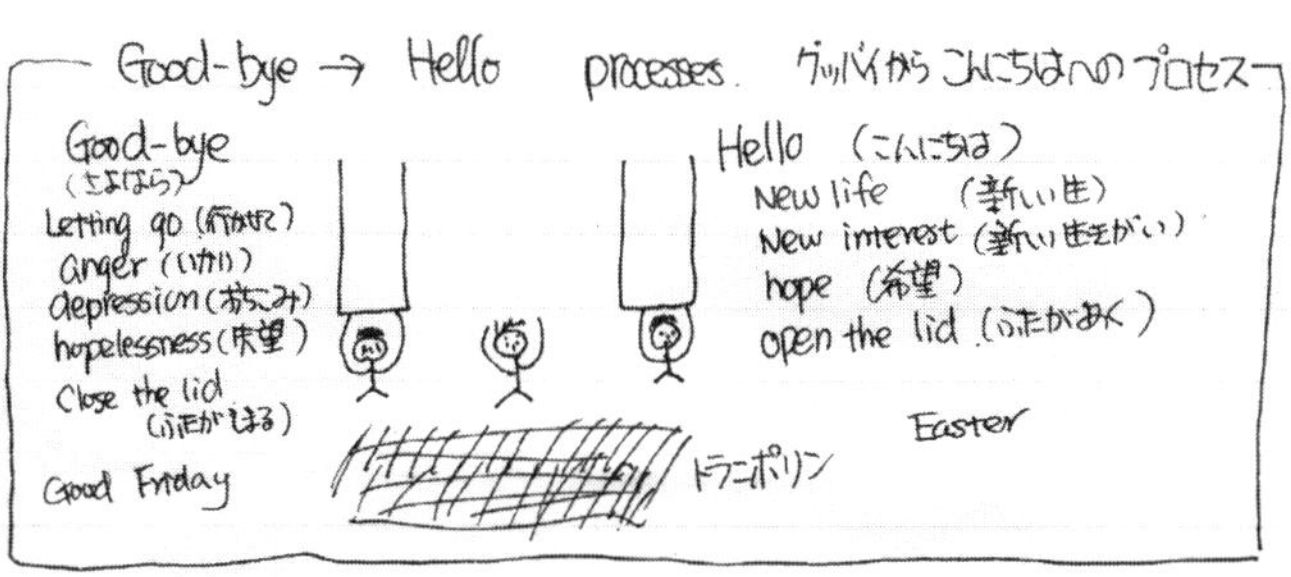

てトランポリンなの？　と思ったであろう。トランポリンには、跳ね返す力がある。それゆえ、落ちてもう一度飛び上がれるし、うまくいけばハローのブランコをつかめる。網は落ちて来た人を、怪我をしないように包み込む。けれども今度はまた、自分でグッドバイのブランコまで戻って行かなければならない。

ここで、初めてトランポリンの意味がわかる。トランポリンが下にあると、ブランコから次のブランコに移ろうとするとき、とても安心である。そして、落ちてきた人をその人に合った位置に戻してあげる役目がある。また、人によって跳ね上げる力は違う。けれども、トランポリンは、その人が落ちて来た以上の勢いで、その人を上にあげたりしない。そして、何度も落ちては跳ね上がるうちに、高くなり、ブランコに手が届くようになる。

何がカウンセリングと関係があるの？　と思うだろう。そう、このトランポリンは、聖書であり、共同体であり、教会であり、友達であり、援助をする人なのだ。人はいろいろな悲しみや嘆きや、苦しみに人生の中で出会う。もしだれもいなかったら、不安で次のステップに移れない。私の教会づくりの夢は、このトランポリンの一つ一つの網目の一つとしての教会員同士のつながり、友とのつながり、そして牧師もその網目の一つとして、信者さんと手を組んでいけるような教会をつくりたい。

そして、大切なことは、トランポリンは網目だけでは何もならないということ。それを張る鉄棒が必要である。支えがあってはじめて、ただの網ではなく、トランポリンになるのである。その支え、トランポリンの中心こそ、イエス・キリストだと私は考えている。（これは、トランポリンを集団として考えた場合である。このトランポリンは個人としても考えられる。私たち一人ひとりがトランポリンになれるのである。）

グッドバイのブランコに乗るのはだれでも嫌である。そして、いざ、このブランコに乗ると、グッドバイをこのブランコに告げるのもなかなか難しい。しかし、このグッドバイのブランコに乗らないと、ハローという安らぎや、希望や新しい世界を経験することはできない。私たちがお互いのトランポリンとなることが、相手の真の友となることではなかろうか。

癌で亡くなった私の義兄が残した言葉にこのようなものがある。

「私の苦しみの間も私を訪ねてくる喜びよ。私はあなたに対して心を閉じることができません。私は雨の間も虹を描きます。そして約束は空しいものではないと思えてきます。それは、悲しみの涙がきっと拭われるようになるためです。」

私たちもきっと希望を持って生きていける時がやがて来ることを信じていこうではないか。そして、お互いのトランポリンとなり、助け合っていこうではないか。私たちも、悲しんでいる人たちの希望になることができるのである。

エイズについての一考察

エイズという病に対する偏見

一九九〇年から一九九一年にかけて二度、エイズの研修のため、カナダとタイに行ってきました。これはそのときに書いた私の簡単な感想です。

私はキリスト教の牧師です。死を前にした人へのケアを専門に学んできました。牧師としてこのようなホスピス運動に参加するのは、死を前にした人にキリスト教の信者になってもらうのが目的ではなく、その人の持つ心の痛みに宗教者として関わるためだと思っています。ホスピスなどの勉強をしていくなかで、いま私はエイズの患者さんの末期ケアに大きな関心を持っています。

日本においてエイズの患者さんに対するケアの問題はまだ多く語られていません。エイズという病気はたいへん新しい病気であり、また現在の医学では完治する薬もないため、病気に対する様々な偏見や死という大きな問題を抱えています。日本では現在まで、血友病の患者さんが輸入血液によってエイズのウィルスに感染して苦しんでこられました。病気に対する未知からくる様々な社会の偏見や恐怖心、そして同時に死ということを意識しながら生活しなければならないエイズの患者さんのケアの問題を考えていくことは非常に大切なことだと思います。

ケーシーハウスを訪ねて

去年、私は、カナダのトロントにある、カナダ唯一のエイズ患者さん専用のケーシーハウスというホスピスを訪問しました。十数名の患者さんが最期まで手厚い看護を受けることのできるホスピスでした。看護師さん、セラピスト、医者、牧師（必要に応じて仏教のお坊さん）などが、チームでケアをしておられました。

「僕はエイズで死ぬ前に孤独で死んでしまう」と言って、このホスピスに来た人もおられるそうです。ある病院では医療担当者が手袋、マスク、ゴーグル、

ケーシーハウスでの研修

ガウン、長靴といった姿で彼らに接したり、また、食事もドアの前に置かれ、自分で取りに行き、またドアの外に自分で置きに行かねばならなかったりで、そんななかで死を前にしたエイズの患者さんは、人間としての尊厳を失い、疎外感と孤独感の中で死を迎えていく状況があることを、スタッフの一人の牧師が話してくれました。このホスピスでは、スタッフが全員普段着のままベッドの横に座り、話をしたり、看護をしたり、歩いている患者さんの手を持ち、一緒に歩いたりして働いていて、たいへん心を打たれました。

エイズの感染ルート

エイズという病気は、エイズのウィルスに感染した人の血液を輸血したことによって感染する場合（しかし一九八五年以降、スクリーンという方法が取り入れられ、血液チェックが行われるようになりました）、性交渉（同性間、また異性間）によって感染する場合、ドラッグ（薬物）注射の針の共用によって感染する場合、エイズの母親からその赤ちゃんに感染する場合（赤ちゃんに感染する確率は三〇パーセントだということです。また、今ニューヨークでは、エイズに感染した母親が、エイズに感染した赤ちゃんを児童養護施設の前に置き去りにしていく問題が起こっているそうです）の四通りです。

輸血による感染、また母親からの赤ちゃんへの感染は別として、あとの二通りは大きな倫理的問題を含んでおり、そのことがエイズの患者さんに対してのケアを考えることを遅らせているように思います。キリスト教界においては、ある人たちは、人間の性の乱れに対する神の裁きだとか、タイの仏教界の一部でも、カーマが言われ、前世での悪い行いが今のこの状態を生んでいるとかと解釈し、エイズの患者さんに対するケアが積極的に取り組まれていない状態にあります。

しかしこのような解釈に疑問を持ち、反対し、エイズの患者さんの人間としての尊厳、生命の大切さ、心理的な孤独感からの解放を、共にいることで取り組んでいる人たちも宗教界にはいるということも忘れてはならないと思います。

タイでの経験

この七月中旬より二週間、タイのエイズの状況とキリスト教界がどのような働きをしているのか勉強するため、バンコクとチェンマイに行ってきました。

タイではエイズが急激に増え、いま公式発表で病院に入院している人だけでエイズに感染した患者さんが三千人近くいます。エイズの患者さんの多くは、貧しさのゆえに村から出て売春をしていた女の子、性交渉や注射針によって感染した人たちだそうです。

様々な活動をしている人に出会いました。農村の少女たちにエイズの教育をしている人たち、大学生間での勉強会、HIVの検査の前のカウンセリング、また検査結果の出た後の人のケアをしているグループ、農村の人たちの貧しさに取り組んでいる人たち、今回のタイ研修では、多くの一般の人たちが、エイズの教育、売春している人たちにエイズの危険性を伝える研修に力を入れていることがわかりました。

パヤオというチェンマイから三時間バスに乗って行ったところにある町の近くに、農村全体の女の子のほぼ全員が、バンコク、台湾、日本、香港へ行ってしまったという村があります。その村を訪問し、そこの牧師さんや、娘をバンコクにやった家族に出会い、話をする機会が与えられました。村全体が非常に貧しく、小作農をしている人たちにとって生活は厳しく、娘をバンコクや外国に出す以外に生活するすべもない状況があることを知りました。隣の家の女の子がバンコクか外国に行き、送金してくるお金で、その家は豊かになる。家を修理し、日本製の電気製品が入ってくる。お金持ちになっていくことで周りに羨ましく思われ、尊敬すらされるようになる。そうした家を見ながら、自分たちも同じようになりたいと願い、娘をバンコクにやる。私は、貧しさと深く結びついた人身売買が行われている現実を目のあたりにしました。十二歳の娘をバンコクにやった家族にも出会いました。

今その村で、一番問題となっているのが、バンコクなどで売春をし、エイズになり、それがわかったためにバンコクでだれも世話をしてくれず、村に帰って来る少女が増えているということです。最近も、二十二歳の女の子が、熱が続いて、バンコクから村に帰って来て、しばらくして死んだという話を牧師さんがしてくれました。

貧しさ↓売春↓病気↓死という過程の中で生きなければならない女の子たちが増えるなかで、タイで出会った人たちがいま自分にできることをしながら、エイズで苦しむ人たち、またエイズに感染する危険性の高い人たちの中で働いている姿を見ることができました。

この人たちに出会い、いつも「ニップン」というタイ語を耳にしました。タイ語で「日本」です。ときに自分が日本人として今この場にいることが、たいへん恥ずかしいとも思えました。

日本人が嫌い

彼らに「日本人をどう思うか」と質問したところ、こう言いました。

「正直に言っていいのなら、多くの村の人たちは日本人が嫌いだ。日本人はいつも安いということで自分たちを見下している。タイの二〇パーセントの土地は日本企業のものだ。バンコクからパタヤに行くまでにいくつの日本企業があると思う？　六百以上だよ。自分たちを安い賃金で雇えるということで企業がたくさん来る。日本製品がタイには溢れている。小さなこの村にもある。農村じゃ、昔は冷蔵庫なんて必要じゃなかったんだ。農村の生活様式も変わった。何も考えずに新しいテクノロジーを取り入れていった結果なんだ。金持ちはますます金持ちになり、貧しい人はますます貧しくなる。日本の企業が来て儲けているのは、政府と企業に協力している一部のタイ人だけだ。安いと何でもいい、この日本人の考えが、こうした貧しい村の女の子の売春につながっていることも知ってほしい。タイの売春は安い。安いから、たくさんのツーリストが来る。ツーリストの持って来る病気が次々にいろいろな人に渡り、あげくの果てには女の子たちも死ぬ。安いということで、同じ人間として見てもらえない。自分たちを同じ人間として見ていない日本人が僕は嫌いだ。」

　私たち日本人がもたらした新しいテクノロジー、またお金というものが、タイの人たちの生活様式、人生の価値観まで変えてしまうのに深く関わったことを知り、また目の前で「日本人は嫌いだ」と言われ、私は涙が出てきました。

　エイズのケアを研修するために来たタイ、しかしエイズのことを考えるには、エイズに罹ってしまった人たちが置かれている状況、また社会の価値観、貧しさ、売春、女と男の関係などいろいろなことを総合的に考えていかねばならないと思いました。

エイズに取り組むために

エイズに取り組むには、二つの大きなポイントがあると思います。

一つは、タイで学んだ教育と社会構造、価値観の見直しです。私たちは、エイズに感染する人が一人でも少なくなるために努力し、教育に力を入れていかねばなりません。

タイにはたくさんの日本人がセックスツアーで来ています。一夜の快楽でエイズに感染する可能性もあります。これから日本において性交渉によるエイズの感染者が増えるでしょう。私たちは、特に女の人を買う立場にありますし、女の人の人権の問題、売春の問題など、またアジアの国で違った形でアジアの人たちの生活や人権を脅かしている私たち日本人の姿勢を考え直していく必要があると思います。

第二点は、カナダで見たエイズの患者さんへのケアです。確かにこのホスピスには同性愛者の人たちが患者さんの大部分でした。社会的・宗教的にも同性愛はなかなか受け入れてもらえないのが現実です。前述しましたように、ある宗教グループは「エイズは神の裁きだ」と言い、彼らに罪人のレッテルを貼り、見捨てます。しかし、宗教的に見れば、同性愛や売春は罪かもしれません。けれども、罪と罪人とは違うということを忘れたくないと思います。

一人の人間が今、社会から様々な偏見や人々からの裁きを受け、疎外感と孤独感に悩まされながら人間としての尊厳を失いつつ死のうとしている。その人を目の前にして私たち一人ひとりは知らぬふりをしていくのでしょうか。それとも、あのカナダで見たケーシーハウスのスタッフのように、横に座って話をしているのでしょうか。私自身いつも自問しながら歩んでいきたいと思います。

私もエイズの患者さんと接することで自分が病気に感染するのではないかという恐怖心がないと言えば、嘘になります。しかしそんな恐怖心と闘いながら自分にとってのQuality of life（生命の質）、そして患者さんにとってのQuality of lifeを考えていける人になりたいと思っています。日本でもエイズの人たち専用のホスピスができたらいいのになぁと思います。

一九九一年九月よりカナダの病院でチャプレン（病院付牧師）のインターンとして一年間働きます。大学付属の総合病院ですが、希望をオンコロジー（末期治療）の病棟に出しています。エイズの患者さんもいるということで、またその人たちとの出会いを通してエイズの人たちに対するケアの問題を考えていこうと思っています。

Ⅱ　榎本てる子の横顔

Celebration of Lifeでも
用いられた写真（2017年）

第Ⅱ部は、榎本てる子さんを知る四十三名の方々に文章を寄せていただきました。彼女の活動はたいへん精力的で多岐にわたり、その交友関係、仕事上の付き合いも全容がつかみきれないほどです。編集委員会ではできるかぎり、いろいろな時代の彼女の横顔が紹介されるように執筆の依頼に努めましたが、本人が見たら、「なんで、あの人に頼まへんのよ〜！」と倍以上の執筆者を紹介されたと思います。謝るしかありません。ごめんなさい。

「行ったろか～？」

ゆっこ

大阪女学院高校一年のころ、てるちゃんと私たちは六人の仲良しグループでした。私たちは毎朝、ＪＲ大阪環状線京橋駅外回りホームの階段を上がったところに集まって、登校していました。高一の夏ごろから彼氏と付き合い始めた私は、朝の京橋駅で彼と会うことが日課になりました。彼は約束の時間に遅れることが多く、女学院の友達は遅刻にならないギリギリの時間まで皆で待ってくれましたが、もう一本待とうといって一緒に待ってくれたのは、てるちゃんでした。また、私が先生ともめたときに直接学校に行きたくなく、環状線一周回ってから行くと言うと、てるちゃんは付き合ってくれたことがありました。

高校三年の時に私は短大受験を失敗して落ち込み、てるちゃんに連絡をしたところ、次の試験対策勉強に「行ったろか～？」と言って、英語を教えに来てくれました。この熟語をひたすら覚えろとだけ言って、文字どおり一夜漬けに付き合ってくれて勉強をしました。試験に行くと、教えられた熟語が並んでおり、マークシートで選んで受験に合格しました。

てるちゃんは、私が頼んでもいないのに、「行ったろか～？」と言って世話をやいてくれるのはありがたいのですが、後になってそのことを私の目の前でみんなに公言して、笑いをとっていました。「ここでそれを言うか？」と思うようなことが何度もありました。とにかく笑いを作り出すことが好きな人でした。腹が立つこともたくさんあったけれど、どこか憎めない不思議な人でした。

卒業してからも、ときどき電話がかかってくることがありました。電話口のてるちゃんは、「なあ、ゆっこー」と言うと、仕事の問題を何も関係のない私に話してから、「じゃあな」と電話を切るのでした。私も話したいことがあったのに。また電話が鳴りそうな気がします。

高校時代

いのちを祝う――榎本てる子先輩のこと

奥田知志

僕は一九八二年、関西学院大学神学部に入学した。一学年上に榎本てる子さんはいた。

二十歳にして貫禄があり、独特の空気をつくり出す。笑顔と突っ込みを駆使し、周囲を巻き込んでいく。僕も巻き込まれた一人だ。

入学とともに、日本最大の寄せ場である釜ヶ崎に出入りするようになった。勉強はさておき、忙しい日々を過ごしていたが、そんな「現場」の話をてる子先輩はよく聞いてくれた。自治会の執行部も一緒にやった。「神学的な議論から『人』が忘れられていることに疑問を感じた」と後に語っているようだが、当時から人が好きで、人が人とともに生きることを考え、その中で聖書を読んでいたように思う。

卒業後は、お互いに忙しく滅多に会うことはなかった。久しぶりに電話があったのは二〇〇九年のことだった。僕の活動がＮＨＫ番組になったとき、「あんた見たでえ。頑張ってんなあ。えらいなあ。でも、調子に乗ったらあかんで」とのことだった。全然変わっていないなと思った。それをきっかけに少しずつ連絡が来るようになった。時々フェイスブックに文章を書くと、「あんた、ほんまに言葉に力があるわ。えぇなあ」と電話がかかる。

関西学院大学のキャンパスで

てる子先輩は、関西学院大学神学部の先生になっていた。

あるとき、「お話ししにこうへんか」と大学に呼んでくれた。驚いた。久しぶりに会ったてるちゃんは、電動車いすに乗り、顔は大きく腫れていた。膠原病という。

最後に会ったのは二〇一八年二月。バザールカフェ主催の講演に呼ばれた。病状は、さらに深刻な様子だった。「ほんまにええ講演やったで」とゼイゼイしながら、ほめてくれた。懇親会にも出席できず、会場を後にした。最後に先輩が僕をハグしながら言ってくれた言葉はここには書けない。てるちゃんらしい一言だった。

その後、重体と聞き、お見舞いに行きたいと連絡した。喜んでくれたが、結局タイミングが合わず会えなかった。数日後、召されたと聞いた。

「葬儀」に参列したいと思い、京都に向かった。行ってみると「Celebration of Life」だった。喪服は禁止。色とりどりの服装の人々が集まっていた。LGBT Ally（味方）のシンボルであるレインボーカラーを身につけた人々が泣きながら、笑いながら集っていた。先輩がどんなふうに生きてきたのかを見せてもらったように思った。

僕はといえば「喪服禁止」だとは知らず、黒づくめで会場に行ってしまった。「あんた、アホか」と笑ってくれていると思うが、悔しいので、「黒はレインボーにはない色やから、一色加わったということや。ええやないか」と言い訳したい。たぶん「口がへらん奴っちゃなあ」と、てる子先輩は笑ってくれるだろう。

現実と向き合うのが怖かったが、少し勇気を出して人込みに身を任せ、「Celebration of Life」の会場に入る。最初に「遺影」が目に飛び込んできた。驚愕した。「やられた」と思った。「この先輩にはかなわんなあ」とつくづく思った。そして涙が溢れた。会場の真ん中に飾られた写真は、患うてる子先輩の姿だった。電動車いすに座り、鼻には酸素のチューブ、顔色も良くない。病気になったのは十年ぐらい前だそうで、それまでの元気だったころの写真は、いくらでもあるはずだ。しかし彼女は、しんどかった時の、しかも相当最近の、すでに死が予感されるような写真を選んだのだ。僕にはできないと思った。僕が今死んだとしたら、たぶん「もう少しマシな時の写真」をお願いするだろうな。「髪の毛が多かった時の写真をお願いします」と。しかし、てる子先輩は、しんどく、弱った、そして正直な姿を最後に選んだ。「奥田くん、いのちを祝うということは、そういうことなんやで。わかるか」と教えられた気がした。

生きる意味のあるいのちと、意味のないいのちが分断される時代となった。だが、意味のないいのちなどない。いのちに意味があるのだ。遺影は強烈なメッセージとなり、僕に迫った。「いのちの祝い」をいただいた。

てる子先輩、ありがとう。僕は、もう少しだけ仕事してから、そっちに行きます。それまで、さようなら。あの最後の一言を肴に一杯やりましょう。

カナダのテルちゃん

星野正興

1

私たちがカナダにいたときに、テルちゃんは留学のためカナダに来た。そのとき、テルちゃんと初めて会ったのだ。

テルちゃんはよく我が家に遊びに来た。きっと慣れないカナダで寂しかったのだろう。うちに来て、子どもたちと遊んだり、妻の料理を手伝ったり、私について集会に出たり、よく泊まって行ったりした。私たちも、テルちゃんを迎えるのが、いつのまにか楽しみになった。知らぬ間に私たちのことを「お父さん、お母さん」と呼ぶようになった。

そのとき、テルちゃんと私は日本基督教団の教師同士としてよく話し合い、またその神学の傾向もとても似ていたことを思い出す。年齢差は二十年もあったが、まるで同じ年ごろの友人のように、豊かな交わりをした。そして修論執筆のお手伝いをさせてもらった。

2

テルちゃんはとても楽しい人だった。人を惹きつけるものを持っていた。カナダの大学でホスピスの現場実習に行き、そのたびにその報告を、家族で聞くのが楽しみだった。そして、いつも弱い立場にある人との出会いの報告に私たちは新鮮な思いで聞き入った。

テルちゃんは「エイズ／ＨＩＶ」に関心を持ち、私は「農業と農村問題」だった。その二つがどこかで必ず一つとなって、宣教の課題となっていくことを望んでいたが、それが中途で途切れてしまったことが返す返すも残念なことである。

また、我が家で行った「日系人集会」でも、その企画のお手伝いをいただき、お話もしてもらった。私は「その聖書解釈は単純過ぎる」と批判したが、さすが「ちいろば先生」の娘だと思わせるところがあり、結局シャッポを脱がされるのは私だった。

3

かなり深刻な話に及ぶこともあったが、一度も涙を見せたことはなかった。どんなにつらいことがあっても笑い飛ばし、いつも笑顔を絶やさなかった。しかし亡くなる直前の日記を見て、迫り来る「死」に対しては、ひとり夜の闇に涙を流していたことを知った。きっと想像を超える苦しみに出会っていたのだろう。でも、その苦しみの中でも、人の苦しみを改めて思っていた。

カナダから帰国してからは、ほとんど会うこともなく過ごしたが、決してお互いに忘れることができぬ間柄であった。「テルちゃん、今何してる？」と聞けば、「そっちこそ何してんねん？」との声が聞こえてくるようだ。

彼女が亡くなったって？　それはウソだ！　彼女は今も生きている。「お父さん・お母さん」も死にそうな事故と病気にあったけれども、今もちゃんと生きているよ。

榎本てる子の思い出

ダグラス・グレイドン

私には、大切なものを入れているキャビネットがある。母の形見のティーカップ、教会で大聖堂参事司祭という肩書きを受けたときにいただいた小さな聖典、エイズで亡くなった方の家族からいただいた茶色の花瓶、そして額に入った「一期一会」と書かれた書道。茶道の哲学では出会いの瞬間はその時々が貴重であり、その時々を生き、出会いの一つ一つを楽しむことが大切であるという教えであると、この額をいただいた時に聞いた。

この額は、榎本てる子が私に持って来てくれた。以来私のキャビネットに二十年以上収まっている。榎本てる子とは一九九〇年初頭に出会い、それは、その後の私の生き方を大きく変えた。

てる子は、カナダに牧会カウンセリングを学びに来ていたが、あるとき私を訪ねて来て、ＨＩＶ／ＡＩＤＳの危機に関心を持ち、カナダにいる間にカナダで唯一のＨＩＶ／ＡＩＤＳホスピスであったケーシーハウスにおいて、私のもとで学びたいと申し出た。私はそのときケーシーハウスのチャプレンであったが、てる子は私の指導を受けてケーシーハウスで働きたいと希望した。

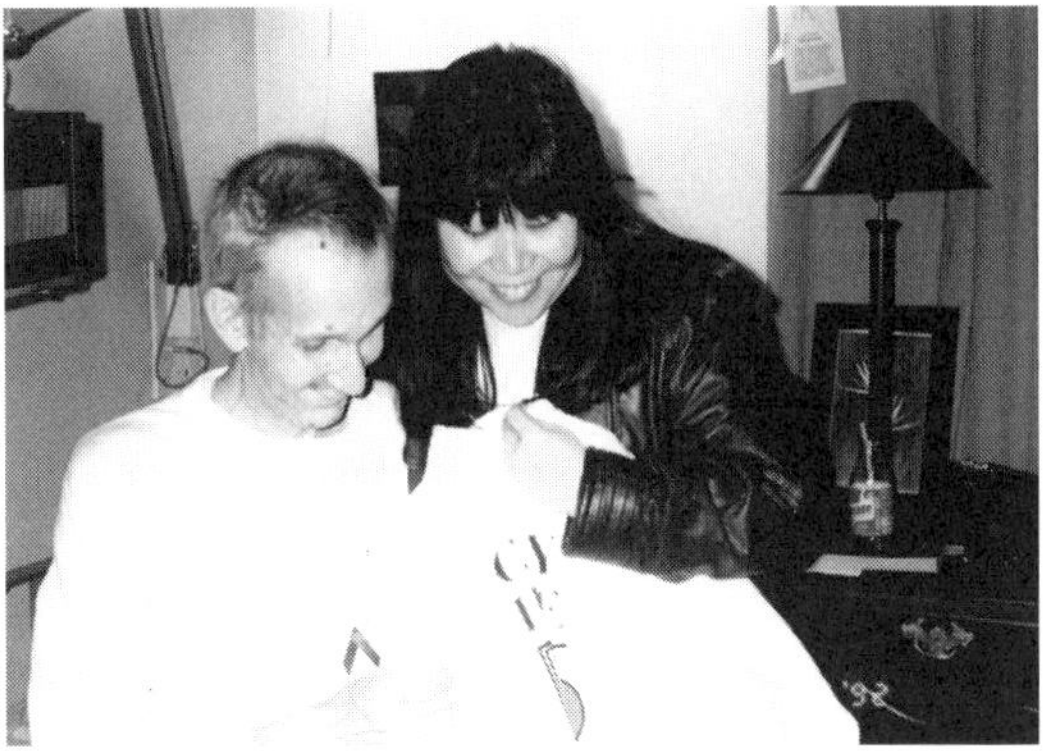
ケーシーハウスで

てる子はとても情熱的で、学ぶ気力に満ちており、ケーシーハウスで学ぶためなら何でもするという意気込みであった。私には、てる子ほどの情熱と気力に満ちた人を指導するだけの心構えがなかったので、もしどうしても学びたければ一年後にもう一度来るようにと丁寧に断った。私は、てる子と二度と会わないと思っていた。

一年後、てる子はもう一度電話をしてきた。私が言った言葉をそのまま受け取ったてる子に驚きながらも、研修内容について、時間配分について話し始めた。そして私たち双方にとって大きな学びとなる経験が始まっていた。

てる子は、強い好奇心と「なぜ？」ということを無限に聴き続ける能力を持ち合わせていた。いろいろな意味で、てる子は疲れる存在であった。しかし彼女の探究心、ＨＩＶ／ＡＩＤＳの暗闇の中に神を見出そうとする強い欲求は、自分の信仰や神学と向かい合わざるを得なくさせていった。自分が本当に何を信じているのかを言葉にするようになった。そのことにおいて、私はてる子に永遠に感謝している。

てる子が実習を終えて、ケーシーハウスを去る頃には、スタッフ全員がてる子のことを大好きになっていた。てる子は、出会う人一人ひとりにとても丁寧に接し、ケーシーハウスが大切にしていたクライアント中心のケアを体得した。また、存在の神学（theology of Presence）を体現していた。私の考える神学的枠組みの中では、神様はどんな状況や場にもすでに存在している。チャプレンの役割は、苦しんでいる人に神様がすでに居ることを示すことである。私は、てる子が研修を終えた後、ケーシーハウスで十年ほど働いたが、てる子ほどスタッフの記憶に残り、尊敬された学生はだれ一人いなかった。

数年経ってから、てる子は私に日本で教える機会を作ってくれた。旅の最初に荷物がなくなり、資料や着替えもなかった私の借りることができたのがタキシードだけであったこと、秘密の祈禱会のことは青木理恵子がよく知っている。

それから、てる子とは数年間連絡を取っていたが、その後教職につき、他の人のケアに忙しくなって、しばらく音信不通となった。今回てる子の病気と死の知らせを聞き、明るく輝く光があまりにも早くに消えてしまったと思った。

てる子がくれた「一期一会」の書は、私の宝物としてキャビネットの中にある。それを見るとき、この瞬間が人生の中でとても重要であることをもう一度思い起こさせてくれる。この哲学は私だけでなく、だれにとっても大きな挑戦であろう。しかし、てる子と一緒にケーシーハウスで学んだときに、この哲学が生きている姿を経験したことは私にとって大きな恵みである。てる子から学んだことを生きようとする途上にある。（訳＝青木理恵子）

日本-カナダ人の妹、てる子

アイリーン・ペレイラ

てる子の声が懐かしいなあ。てる子は実にユニークで、私にとって特別な人です。共に学んだカナダのウィルフリッド・ローリエ大学で出会ったとき、私は、てる子が日本基督教団の牧師だと聞いても、それが信じられませんでした。真面目で神の言葉を伝える人という牧師のイメージからかけ離れていたからです。

てる子は、いつも人を笑わせ、周りの人を楽しませる存在でした。

てる子が持っていた関心事と世界観から、私は多くを学びました。彼女は、学ぼうとしている人には必ず何かをつかませる凄い能力を持っていました。私はてる子から日本のこと、私が全く知らないことをたくさん学びました。私たちはよく夜を徹して話したものです。てる子が経験してきたユニークな人生について話すとき、まるでドキュメンタリー映画を見ているような気持ちで聞いていました。

てる子は、カナダ社会の中で多くを学んでいましたが、カナダ社会には溶け込めないと言っていました。一方、日本社会にも収まらないと言い、二つの世界のいずれにも属さない苦しさを抱えていました。しかし、カナダと日本の世界の両方を経験していたからこそ、てる子が賜物として持っていた、人を育てる力、人を惹きつけて魅了する力、社会に訴える力、そして広い視野がてる子自身の中で育っていったのだと思います。

てる子は、私を未知の世界に連れて行ってくれました。私は恵まれた白人系カナダ人で、社会の中で疎外されている人たちのことを知りませんでした。てる子はいつも私にその人たちのことを話し、教えてくれました。私は、次第にこの人たちのことを知りたいと思うようになりました。てる子がボランティアとして関わっていたトロントのケーシーハウスにも行き、ＨＩＶ／ＡＩＤＳとともに生きる人が、ホスピスで愛のケアを受けているという事実を知りました。そのほかにもホームレスの人たち、依存症の人たち、セクシュアルマイノリティーのことを学びました。また、京都のバザールカフェがケアしている移民や慢性疾患を持って生きる人が経験する課題についても学びました。

社会から排除されている人々に対しててる子が持っている情熱と無類の責任感に、私は惹かれていきました。てる子は、私がそれまで安住していた柔らかい泡の中からもっと広い世界に連れ出してくれました。てる子の生き方を通して、私は、知らないことを恐れないということを学びました。知らないことを知り、共感することが無知と偏見の壁を崩すことを、てる子は教えてくれました。

てる子を私は一生の師として愛しています。てる子は、学んできたことと知恵をフルに活用して体力の限界を越えて、自分を必要としている人に寄り添いました。知らないうちに、てる子の無限の力と愛で触れた者たちは、これからその灯火を引き継いでいくでしょう。

（訳＝青木理恵子）

引き出す人そして寄り添う人

森山裕季

引き出す人。

「ゆうきちゃんってスルメみたいな人やな」

テルが私にしょっちゅう言った。噛めば噛むほど味が出る。でも、そう言われるたびに思った。テルが噛んで噛んで味を出してくれてるからこそやで。

彼女と過ごしていると、その独特な部分に驚くことが多い。

それは、不機嫌そうな人や暗い表情の人をも笑かす力。「迷惑そうにしてはるわ」と隣の私に耳打ちしながらも、どんどん相手の懐に入り込むので、徐々に相手も心を開いてくる。そこからのテルは天才的な能力で、その人のキャラを際立たせる。

私もその技を真似しようと試みたこともあったけど、全然無理だった。テルにしかできないその特技は、おそらく彼女特有の人間愛ゆえなんだろうなと今は思う。自分を落として、相手を主人公に仕立て上げる。「でもほんまはわたしって無駄にプライド高いねん」って、ときどき傷つきながらも、人のこれまで表に見えなかった素晴らしい面をいっぱい引き出す人。

そして寄り添う人。

初めて会った関西学院大学時代。妹みたいにまとわりついてきた。「しつこくしてゆうきちゃんに飽きられんようにせんとなあ」と言いながらも、けっこうしつこくて。それを冷たくあしらうふりをしながらも、じゃれあっていた日々。いつも私のそばにはテルがいた。

遊びに行けば、私の大好物をいっぱい作ってくれて、「おいしいやろー。ゆうきちゃん好きやろ」って、パクパク食べる私の顔を満足げに見ていた。自分はジャンクフードを食べながら。

テルが編集してくれたカセットには、彼女の大好きなボブ・マーリーのNo Woman No Cry。そして、カナダに会いに行ったときに上映していた映画のテーマ曲、Stand by Me。

お互い、進む道が違って住む場所が離れても、いつもテルはそばにいた。「落ち込んだときは、ゆうちゃんとしゃべりたくなるねん」って私の仕事中でもお構いなしに電話してきたし、彼女が病気になってからは「退屈しててんねん。おもろいネタは？」って根ほり葉ほり聞いてきた。その掘り起こし方がまた絶妙で。今でも何かネタになりそうな出来事が起きると、テルに話したら受けるやろなーって電話してしまいそうになる。

離れていても、いつもそばにいてくれる人だったから、うーんと離れてしまって会うことができなくなった今でも、私はテルを近くに感じている。たぶんこれからもずっと。

てる子さんへ

大谷隆夫

私が関西学院大学神学部に入学したとき、榎本てる子さんは、一級上の先輩でした。神学部の学生の間では、先輩、後輩に関係なく、「てるちゃん！」と呼ばれていたように思います。私はさすがに先輩ですから、たまにお会いして、話をしたり電話をしたりするときは「てる子さん」と呼んでいました。

榎本てる子さんは神学部在学中に「釜ヶ崎自主講座」のメンバーの一人として釜ヶ崎の問題に関わっていましたが、あるとき、そのてる子さんが釜ヶ崎に行くことを知り、「榎本てる子さんが釜ヶ崎に行くのなら、自分も釜ヶ崎に行ってみたい」(要は、釜ヶ崎に行きたくて行ったのではないということ）と思い、一緒に行ったのです（神学部に入学した一九八二年の一二月二五日)。私は、釜ヶ崎日雇労働者の中には、野宿をしている労働者がいることも知識として知っていましたが、野宿の原因は労働者自身にあるというきわめて差別的な意識を持っており、そのため、あえて自分から釜ヶ崎に関わろうとは思ってもみませんでした。

釜ヶ崎に行くにあたって、特に事前に榎本てる子さんのほうからレクチャー等といったものはありませんでした。とにかく実際に現場に行って、そこで感じ考えることがまず大事であるという、榎本てる子さんなりのやり方だったと思いますが、これが功を奏したのか、私にとっては衝撃的な釜ヶ崎での初めての体験でした。そのとき何をしたのかということはほとんど忘れてしまいましたが、釜ヶ崎の医療センター前のブルーシートの上に布団を敷いて寝ていた労働者（年のころで言えば六十代）に、「兄ちゃん！　ライターを持ってないか！」と言われ、自分の持っていたライターを手渡したことだけは、今でも克明に覚えています。「なぜこの冬の寒空の下で、路上で寝なければならない人がいるのか？」そのときに感じた感情は、怒りでもあったし、悲しみでもありました。

わずか半日ほどの体験でしたが、榎本てる子さんと一緒に釜ヶ崎に行くことがなければ、その後継続して、釜ヶ崎と関わることはなかったと思います。そういった意味では、榎本てる子さんは、私が釜ヶ崎と関わる契機を与えてくれた、今から考えてみると、きわめて運命的な人であったと改めて思います。釜ヶ崎と関わる契機を与えてくれた榎本てる子さんと出会えたことを、改めて神様に感謝いたします。

てるちゃん！　その気にさせないで♪

平田　義

携帯電話の着信が鳴り、画面を見ると、〝榎本てる子〟の表示。「げっ！　また何やろう？」と恐る恐る受話器をとる。「先生！　お願いがあるんやけど、協力してもらえへん？」と、最初は探るようなくぐもった声。きたで、きたで！　今度は何なんやと思いながら、てるちゃんの声に耳を傾けてみる。「先生しかこんなこと頼めへんねん」と、てるちゃん。「そうかぁ♪」と、少し心地よくなって返答する。すると、こちらが乗ってきているように感じたのか、弾むような声になり、一気に内容を話し続けたあと、「どう？　ごっつおもろい話やろ？　一緒にやらへん？」と畳みかけてくる。そのころには時すでに遅し。こっちもすっかりその気にさせられているのである。

〝その気にさせる〟てるちゃんと出会ったのは、私の大学の同級生で、彼女の一つ上の兄、榎本恵さんと知り合ったことからだ。そのころの印象は、ヒット曲『なごり雪』で有名な歌手の「イルカ」さんに似た奥ゆかしい感じの外見とは裏腹に、ズケズケと（率直にかな？）思ったことを突っ込んでくるおもろいやっちゃなぁ、と。世光教会の人たちからは、平田に似て無茶苦茶な奴やと言われてもいた記憶がある。そんな彼女の周りには彼女を慕う人が集まり、常に笑いが絶えない人の輪があった。彼女を囲む人たちの中には、様々な悩みや苦しみを抱えている人もおり、彼女の存在によって救われた者も少なくない。若いころから人の痛みを自分の痛みのように共感し、寄り添い、共に歩んでいた。

世光教会で（1994年5月）

その後も、お互いフィールドが違っていても、意識し合いながら歩んできたと感じている。てるちゃんに「その気にさせられて」出会わせていただいた人たちは数知れない。その出会いから、私自身も様々な気づきが与えられてきた。きっと彼女と関わった人たちの多くが、そのような体験をしたに違いない。てるちゃんは、人と人とを繋いでいく結節点の役割を果たしてきたと思う。

てるちゃんと出会い、「その気にさせられ」繋がっていった私たちは、てるちゃんからバトンを渡されている。人が人として大切にされ、その人らしく生きていくことができ、多様性を認め合うことができる社会をつくりだしていく使命が与えられたと思う。

てるちゃんが残してくれた、多くの人たちとの繋がりを生かし、「おっちゃん、一緒にやろう!」という言葉を心に焼きつけながら、これからも歩んでいきたい。

もう、てるちゃんからの携帯の受信はないのだ。

私の神様、てるさん

小島麗華

絶対に泣かないと決めていたけれど、てるさんの近くにいると、やっぱり泣いてしまいます。どうしても受けとめられなくて、やっぱり私は受けとめるのが苦手です。

十一年前に私が博多から京都に来て、会わせたい人がいるということで、バザールカフェに連れて行ってもらい、そこで、てるさんと出会いました。当時、私は生きる希望がない状況の中、てるさんとの出会いに一瞬の希望を感じました。

てるさんとのバザールでの出会いから十一年。しんどいこともいっぱいあり、そのときに一番に思い浮かぶ人はてるさんでした。いつも話を聞いてもらって、てるさんの言葉だけは私の心の中に素直に入ってくるのです。何かすーっと凄い力をもらってる気がして、いつも不思議でした。大丈夫といつも背中を押してくれました。

私のお母さんのことも、てるさんがずっと背中を押してくれたから、母との別れの時に、「お母さん、産んでくれてありがとう」と言えたのだと思います。

あるとき、てるさんが「麗華、ＦＢ〔フェイスブック〕見て」と言ったので、それを開いて見ると、てるさんも「お母さん、産んでくれてありがとうと言えた。麗華、ありがとう」と書いてある。すごく嬉しかった。本当に最後の最後まで、てるさんのそばにいられたこと、そして何かできないか、何か返したいとずっと思っていたことを少しでもできて良かったと思います。

てるさんと出会った時間の中で、一番たくさん話し、近くにいたような気がします。てるさん、でももう少しだけ近くにいたかった。話したかった。

てるさんが一番心配しているこれからのバザールカフェのこと。バザールカフェのみんな、支えてくれている人たち、みんなで必ず守っていきますので、見守ってくださいね。

そして、てるさんに命の大切さを教えてもらいました。これからのバザールカフェで、一人でも多くの人が生きる希望を持てる場所として命の大切さを伝えていきたいと思います。

てるさん、本当にありがとう。いつもみんなの心の中にいるよね。

魂のツボマッサージ

まぁちゃん

私は、境界性人格障害とＨＩＶを持っている三十代後半の一児の母です。

てる子さんとは、数年前に女性のＨＩＶ陽性者が年に一度集う会で会いました。初めてその会に参加した年は、てる子さんとお話しできませんでした。彼女はほかの人たちに囲まれていたし、なんだか陽気で楽しそうなオバチャン（失礼！）だな〜、という印象でした。

翌年、生きているなかで得体の知れない罪悪感を苦しく感じていて、彼女が牧師さんだと知って、「懺悔させてください!!」とぶつかっていきました。そんな私をてる子さんは、「おもろいやっちゃな。車でゆっくり話そか」と受けとめてくれました。

そこで、自分がいかに薄汚れた人間か、と熱く語りました。いろんな人を見てきた彼女からすれば、私なんてまだまだ甘いんだろうなと思いますが、私はあんなにも自分に対して興味を持ってもらったことがありませんでした。それくらい深く私の内面を一緒に掘ってくれて、こころのツボをグイグイ押され、魂のデトックスを強く感じました。

そんな深い話し合いを何回かしたとき、てる子さんは、「自分、いっぱい言葉持ってるな。その経験や想いを、文章とかにしたらええんちゃう？　まぁちゃんにしか書けへん文章があると思うで。いつか一緒に本出そうな」と言ってくれました。

その言葉をとても嬉しく思い、文章教室に通い始めました。先生に、「あなたは絵本にも向いていますね」と言われ、絵本教室にも通い、グループで絵本の展覧会も開きました。

絵本はシンプルながら、私の想いの詰まった満足できる仕上がりになり、素人ながら、私の絵本を売ってほしいと言ってくれる人たちも何人か現れました。

私の絵本を読んだ後に、それを抱きしめて泣いている女性を見たときには、こころの奥が透明な気持ちになりました。

こんな想いができたのも、そこに至るまでの創作活動ができたのも、彼女のおかげです。

私はてる子さんに光を与えてもらいました。

てる子さん、本当にありがとう。ずっと大好きだよ。

てるリスト

田附（陣内）範奈

てるちゃんに初めて会ったのは、私が高校生の時。私はひとりで山口県から京都にバイオリンのレッスンに通っていた。宿泊先は、高校時代のピアノの師匠であり、てるちゃんのお姉様でもある「るっちゃん」こと、橋本るつ子先生に紹介されたマンション。それが、妹てるちゃんちだった。スマホもない時代、もらった住所と地図を頼りに世光教会を捜し、ドキドキしながらマンションの部屋のベルを鳴らしたのを覚えている。ドアが開き、最初に言われた一言は、「あんたが大蔵の妹か！」だった。たぶんそう言われるだろうと兄（てるちゃんの大学の後輩）とるっちゃんに予想されたとおりの言葉だったので、思わず笑ってしまったのが最初の出会い。

会う前、るっちゃんには常々「紹介する妹なんやけど……ハンナちゃんとめっちゃ合いそうで、ホンマはなんか会わせたくないねん……」と言われていた（笑）。後に、その意味がだんだん身に染みてわかってきた。めっちゃ気が合ってしまった。自分自身でも、てるちゃんと会った以降の私は、教会の子というＰＫ（牧師の子ども）良い子ちゃんから世界を広げ、正直な自分が大胆に開花されてしまったような気がする（笑）。

てるちゃんは私をいろんなところへ連れて行った。エイズの問題に取り組むことを決めていたてるちゃんは、感染者と話し合う場や同性愛者とのインタビューや交わり、ときにレズビアンやゲイの地下クラブやバーなどにも行った。いろんなことを、私の中で「無知」から「当たり前」にしてくれた。

私の出会ったころのてるちゃんは、カナダから帰って来たすぐ後だった。いつも妹のように可愛がってくれ、泊まるたびに、彼女の夢や希望、またはジレンマや、ウジウジした葛藤などいろんなことを話し込んだ。

てるちゃんはとにかく人が好き。初対面の目の前の人に本気で興味を持って、グイグイ入り込んでくる。なぜか自然にできる。愛情があるからできるあのワザはすごい。あの自虐ネタもりもりの寄り添い方はだれにもできない。まあ、たまに下品で正直な直球が飛んで来るからヒヤヒヤもしたけれど、それが人間らしくて、品のある賢そうな牧師なんかより、簡単にみんなの心が開く。人は、安心して今まで封印していたようなことまで、ボツボツと話し始める。てるちゃんは話を聞く目線を同じにしてくれるのだ。そしてその人の弱い部分をすぐに見つけてピンポイントで寄り添ってくれる。そんなやりとりを見てきて、私はかなり影響を受けたと思う。あんなふうに下ネタも盛り込んで、直球で大胆にはなれないけれど、てるちゃんのように同じ目線で語り合い、少しでも、その人が希望を持てるような人間になりたいと思っている。まあ、そのくせ、寂しがりやで、臆病者で、人の反応に対しては繊細で傷つきやすい……ほんまやっかいな、可愛らしいところがあった。

親もとを離れ、京都でひとり暮らしになってから今まで、教会から離れずにすんだのは、言うまでもない、このざっくばらんな、てるちゃんが教会にいてくれたおかげだ。

パリに留学する前に、この世光教会の仲間で、バスを借りて私の故郷の山口県へ二泊三日の温泉旅行に行ったのも鮮明に覚えている。実家にも寄って、みんなで母の自慢のカレーを食べてくれたことも良い思い出だな。

その世光の愉快な仲間にもPKは多く、私はいつもPKの恵みで生かされている。元はといえば、るっちゃん先生、そして、てるちゃんをはじめとし、そこで出会った牧師や先輩PKから、私がPKであるということで、特別に〝憐れみ〟をもって可愛がってもらったからだと思う。それを私は「PK恵みの連鎖」と呼んでおり、今も受け継ぎ、ロサンゼルスでもPK被害者を見ると、保護して特別に可愛がってしまう。それを知ったてるちゃんが、またPKを私のもと（ロサンゼルス）に送り込む、という連鎖もあった。

週に一度、我が家では、学生などを招いて食事を提供し、バイブルスタディとシェアリングの場を作っている。みんなは「ハンナ食堂バイスタ」と名づけて、ワイワイ深夜までやってる。てるちゃんは、いつもそれに感心して（まさかハンナがこんなことするとは……と）、励ましてくれていた。だから、形が変わっても細々でも、この「ハンナ食堂バイスタ」を続けていくことを決めた。

五年前、てるちゃんがるっちゃんと一緒にロサンゼルスに来て、我が家に泊まった。二十年以上ぶりに共に過ごした。自分の原点になっている二人をロサンゼルスに迎えたことは、大きな祝福で本当に嬉しくて感謝なことだった。ラスベガスやグランドキャニオンへの小旅行は、てるちゃんが息が苦しくなるので歩き過ぎないように気をつけていたものの、それでも空気が薄くなるんじゃないかと思うくらい、ゲラゲラ笑いながら車中を過ごした。

余談だが、旅行中に砂漠で渋滞したとき、どうしても車を傍らに停めて用を足さなければならなかった六歳の息子に、「NOGUSO」という新しい言葉を教え込んで帰って行った。

テルちゃん、私の人生が今もたくさんの人と出会えて、愛と興味をもって仲間が与えられるのは……あと、こんなにも毎日の苦労もおもろいんは、ホンマにテルちゃんのおかげやねんで……。今日も虹を見上げて、てるちゃん現る！　ありがとな〜。らぶゆ〜愛してる、ぶちゅ。

「てるちゃん」IN 近江兄弟社中学校

中島　淳

私が長年勤める機会を与えられた近江兄弟社中学校・高等学校の聖書科では、共に働く同僚には実に恵まれていました。榎本てる子さん（以後、てるちゃん）もそんな同僚の一人でした。てるちゃんが近江兄弟社中学校の聖書科非常勤講師を務めていたのは一九九〇年度の一年間です。思い出を少し綴ります。

新学期が始まる前に近江八幡の喫茶店で会ったことがありました。名前は聞いたことがありましたが、私にとって初対面でした。平田義さんの紹介でした。それぞれの自己紹介後、自分が教育の現場で働くのは初めてであることを不安に思っていること、そのためにどんな準備をしたらよいのか等の質問だったと思います。私は、てるちゃんが若い人たちに伝えたい具体的な経験から学んだことや学んでいることを自分なりに工夫して思い切ってぶつけてみたらよいのではないかとアドバイスしたと思います。

四月に入り、いよいよ新学期が始まり、一週間に二日の日程で通勤し、九時間（九クラス・一年生から三年生）を担当してもらいました。彼女の中学校の職員室は、私の職員室の隣でした。登下校の際には必ず一言挨拶し、授業前で緊張しながら「今日はどんな授業をする」とか、下校の際は生徒の反応をよく気にしていました。ときどき落ち込みそうにしていました。夏休みが始まるまでは試行錯誤の繰り返しだったと思います。

そんな彼女が夏休みを過ぎて、一段落したころだったと思います。下校時にいつになく微笑みながら、その日の様子を興奮気味に語ってくれました。それは授業中に車いすを持ち込み、クラス全員に車いす体験をさせたことでした。授業の前に「少し賑やかになるけど、大丈夫やろか」と相談を受けていましたが、実に満足そうでした。

また、釜ヶ崎で「暴動」が起きたとき、ニュースを聞いただけでなく、自分もそこに足を運び、目の前で起きていた状況を生徒たちに、新聞に載った記事とともに、なぜ暴動が発生したか等も含めて、詳しく説明したことを報告してくれました。そして、いつのまにか高校の一部の生徒たちとの交流が始まっていることもありました。

てるちゃんの兄弟社中学校勤務は短い期間でしたが、その後カナダに行ったりと、将来の進路を模索していた時期だったのかもしれません。

てるちゃんが関西学院大学に職を得てからは、高校進路部にいた私に「淳さん、生徒を送ってな！」と溌剌と、毎年受験シーズン前に元気な声で電話をかけてきました。安心して送り出した生徒たちのことでは、本当にお世話になりました。

やっぱ、根は真面目――てる子の大嘗祭――

上内鏡子

たしか一九九〇年一一月一二日が即位の礼、一一月二二日と二三日が大嘗祭の日だったと記憶しています。

わたしたちが属していた日本基督教団京都教区では、一二日には河原町通りを行くデモに参加、大嘗祭の時に四条河原町で「四十八時間ハンガーストライキ」をして、その意思を表明することになっていました。大嘗祭の二三日、「天皇制反対」のビラ配りをしているとき、てる子さんも四条河原町にやって来て、一緒にビラを配りました。通りの大人からは、「こんなことしてる暇あったら、ちゃんと勉強しいや!」と怒鳴られたりもしました。一括りのビラを配り終えるころ、「なあ、わたしやっぱりこういうことは向いてないわ。今からフランス人の友だちを高山寺に連れて行くし、あんたも一緒に来てや」と、てる子さんに言われて、彼女の車に乗りました。

わたしたちは、高山寺へ行く車中、ありったけの弁解をしました。ビラを配らなくても、四条河原町でハンストに参加しなくても、日常生活しながらハンストすることの意味もある、と。そして、わたしたちは、それをフランス人の友だちに一生懸命英語で説明しました。フランス人の人は気を遣って、ハンスト中の二人はなるべくエネルギーを使わないようにと、高山寺の拝観をひとりで行ってくれました。

彼女を待っている間、「なあ、お腹空いたなあ。食べたらアカンと思うけど、飲んでもあかんのかなあ」という、てる子さんのつぶやきに、わたしは「水なら、いいんとちゃうか」と応えました。なんだか、聖書に出てくる蛇が女のエバを唆《そそのか》しているような問いかけでした。そして、てる子さんは、「コーヒーはヤバイと思うけど、紅茶はお茶やからええやんな。すいません、紅茶二つ！」と注文していました（この判断の基準は不明のまま）。そして、運ばれてきた紅茶を見て、「さすがに、砂糖とミルクはカロリーがあるから無理やなあ」と言いながら、何も入っていない紅茶をスプーンでかき混ぜながら、二人で飲んでしまいました。ここに、聖書のように神さまが来られなくて良かったと思います。わたしたちはアダムとエバのように木の葉の影に隠れないですみました。

その後、フランス人の友だちを滋賀県へ送って行くために、車で移動しているうちに、四十八時間を大幅に越えていることに気づきました。車中、二人で、「ハンスト終了！」と喜びの声をあげたことを懐かしく思い出します。

一九九〇年の即位の礼の日も、大規模な天皇制反対デモ行進があり、機動隊をはじめ、公安職員がパシャパシャ写真を撮っていました。何千人ものデモ行進は、「差別の元凶天皇制反対」「平和を守れ！」などの自家製プラカードを持つなど、市民の政治や社会に対する意識は今よりも高かったように思います。そんななかで、てる子さんはその意義をよ～く理解しながらも、その運動の方法が自分には合っていないと悩みながら、やっぱりハンストを全うし、フランス人にまで、大嘗祭の説明をするという変な真面目さをもっていました。今年（二〇一九年）の大嘗祭には、高山寺前の喫茶店で紅茶を飲んで過ごす相手はもういないと思うと、ちょっと寂しい限りです。

55-GoGo-Party

松浦千恵

二〇一七年九月二三日、てるちゃんが自ら企てたゴーゴーパーティーがバザールカフェで行われた。「生前葬やから来てや！」と皆に笑って言っていたが、本当にそうなった。てるちゃんは最期までこれからのバザールカフェを思い、心配し、自分のできることを惜しげもなく私たちに与えてくれた。それは人とのつながりであった。誕生日を祝ってほしかったのではなく、自分が生きている間に、これからのバザールカフェを応援してくれるであろういろんな人たちを私たちにつなげ、また、これまでに関わってきたたくさんの人たちを再びバザールにつなげるために彼女は企画した。

当日は二五〇人以上の人がてるちゃんに会いに、そしてバザールを応援しに来てくれた。運営を担ったのは、設立当初からてるちゃんとともに夢を描いてきた仲間と、今バザールカフェで活動している私たちであった。様々な背景を持った人たちが違いを超えてバザールカフェに集い、出会い、交流し、その光景はまさに、てるちゃんが創りたかったブレンディングコミュニティー。

「私にとっては人が宝でした。いろんな人たちが自分たちの場で、愛して愛されるコミュニティーっていうものを創っていってもらえたらな。」

酸素を吸いながら息をするのもつらい状況の中で、こう皆にメッセージした。そのときの彼女は、控え室で横になって、つらそうにしている彼女からはまるで想像できないくらい、凛《りん》として、力強く、ユーモアに溢れていた。同時に、弱い自分をさらけ出していた。てるちゃんの生き様そのもののようだった。てるちゃんの魅力は「弱さ」にあったと思う。

彼女はたくさんの人に愛を与え、そしてたくさんの人に愛された。私も、てるちゃんに愛をもらってこれまで歩いてきた。私をここまで引っ張り、背中を押してくれて、「あんたは自信持ったらいい」といつも言ってくれた。随分とてるちゃんに頼り、甘えてきた私であった。強くなくてもいい、弱くていいんだよ、とメッセージし続けてくれたと同時に、そこにいつも葛藤をしているてるちゃんは、私にとって信頼できる誠実な人であった。

人を仲間にしていく達人

マーサ・メンセンディーク

てるちゃんと出会ったのは、一九九〇年ごろ。私は京都ＹＷＣＡの職員で、外国人支援窓口（ＡＰＴ）の立ち上げに取り組んでいた。てるちゃんはカナダから帰国したてで、ＨＩＶ／ＡＩＤＳのミニストリーを創りだそうとしていた。私は、日本にこんな型破りの若い女性牧師がいるんだ！と驚いた。というのも、東北育ちの私にとっては、関西のノリ自体がそもそも異文化。てるちゃんはそのノリに加えて、さらにあのハデな性格。とても印象的だった。

その後、私は、てるちゃんが非常勤講師として教えていた同志社大学に赴任し、二〇〇五年には「プロジェクト科目」という授業を共同で担当することになった。「滞日外国人支援プログラムの開発」という目的で、学生たちにバザールカフェでフィエスタを企画運営させるという、すごい授業だった。その授業内容を提案したのはもちろんてるちゃん。予算が付く授業というのも魅力だった。

バザールカフェをスタートした人々（1998年）

「大学とコミュニティー」「人と資源」「社会的ニーズと財源」をつなげていくのも巧みだった。様々な学部から集まった「バラバラ」な学生たちが、てるちゃんの力ですぐに和気あいあいとしたグループになった。てるちゃんは、学生の主体性やリーダーシップを引き出す達人だった。その企画がバザールカフェのフィエスタの第一回目となった。当時の学生たちは、卒業後もバザールカフェを訪ねてくれる。

バザールカフェを立ち上げるときも、てるちゃんはいろんな人を巻き込みながら、仲間の輪を広げていった。教会の枠を超え、アーティストやＨＩＶ陽性者サポートに関わる人たち、学生、主婦など。夜遅くまでのミーティング後にみんなで食事に行くこともたびたび。夜遅くの飲食が苦手で、食事には参加せず帰ることもあった私に、てるちゃんは、「マーサ、みんなと食べに行くのも大切やで。そこで信頼関係できるんやから」と教えてくれた。まさにそのとおりで、飲み食いを一緒にするようにしたら、仲間との距離がぐっと近くなった。

バザールカフェでのてるちゃんは常に人に囲まれていた。冗談を交えて話をしたり、人の相談に乗ったり。しかも、その場に多くの人がいるなかで、彼女が一番向き合うべき人と向き合っていた。そういう特別なセンサーを持っていた。

仕事やプライベートなことまで、私たちはお互い毎日のように相談したり励まし合ったりしてきた。必要な注意もしてくれた。私のミニストリーに最も影響を与えてくれたてるちゃんに感謝し、今もインスピレーションを受け続けている。

榎本てる子さんの思い出

寺口淳子

榎本さんとの出会いのきっかけは、市橋恵子さんからの紹介でした。

市橋さんは、榎本さんが帰国された当時、日本バプテスト看護学校の教務に在籍、学生へのカウンセラーを探していて、紹介されたのだそうです。

市橋恵子さんとは、看護学校が一級違いで、卒業後は縁がなかったのに、私がいったん仕事を辞めて、ＭＱＪ（メモリアル・キルト・ジャパン）の活動に専念、ＨＩＶ電話相談の研修を受ける際に再会し、今もお世話になっている仲です。榎本さんの学校での働きは〝型破り〟なカウンセラーとして評判、学生たちの相談にしっかりと耳を傾けておられたようです。

京都ＹＷＣＡでの電話相談

　生きづらさを感じながら悶々とする若者たち、女性に向けて発信したい、サポートしたいという強い思いを持っておられました。それが京都ＹＷＣＡで、ＰＡＮ／若者と女性ＨＩＶ／ＡＩＤＳプロジェクトの立ち上げとなりました。キリスト教会こそがまず取り組むべきと、教会の方たちに精力的に話していかれたその経過を私は電話相談の部屋で聞くことになり、榎本さんの歩みもここで聞かせてもらったのです。今思えば、何とも贅沢な時間を過ごせたものです。ＹＷＣＡの整った調理室も使わなければもったいない、料理上手な女性に腕を振るってもらおう、当事者向け手作り弁当を作って、大阪まで配食しました。配食を早くに手がけられた世光教会まで見学に同行、お父様の榎本保郎牧師が出された『ちいろば』の本を後宮牧師からいただきました。（なかなか手に入らない本だと後で知りました。）

知り合った当事者の友人たちを京都へ招き、自宅だけでなく教区の施設も宿として使ったり、そこに同席させてもらったりしたことも幾度かあり、鞍馬の露天風呂も楽しませてもらったのでした。医療機関の受け入れ対応が不十分だと思われるときはＭＳＷへのご挨拶にも同行しました。

そしてバザールカフェの立ち上げ。当事者たちが関われる居場所作り、たまり場、ピアサポートできる場、思いは広がって、それを実践していくパワーは凄い、いろんな人を巻き込み、頼み上手。広島エイズダイアルで事務局を担当していた三浦さんは、そのために休暇をとって京都へ来られ、バザールカフェの庭の手入れを毎日黙々としておられました。〝頼まれると断れない、必要とされていると感じてしまった〟のだそうです。

ＨＩＶ／ＡＩＤＳへの差別・偏見だけでなく、世の中の不条理にも「おかしいと思わへん?!」と怒り、何とかしようと作り上げていくパワー、そして「どやさ！」と嬉しそうな笑顔、いろいろ思い起こすことしきりです。

榎本さんのいのちはみんなの中に生きている。心して生きていこうと思います。

「師匠」であり、「姉」であり、なくてはならなかった存在

堀江有里

大好きな先輩・てるちゃんがいなくなってから、早いもので、もう十か月が通り過ぎていった。長い闘病生活から解放されて、楽になったかなあ。訃報を知ったとき、そう思ったが、やっぱり、「こんなとき、てるちゃんだったら、どう感じるかな」と、ふと思う局面は日常の中にまだまだたくさんある。

わたしの活動拠点、「信仰とセクシュアリティを考えるキリスト者の会」（ＥＣＱＡ／Ecumenical Community for Queer Activism）というとっても小さなグループ。その仕掛け人は、てるちゃんだった。一九九〇年代初頭、カナダで専門教育・研修を受け、帰国後もエイズ関連のボランティア活動をしていたてるちゃんは、わたしが「レズビアン」であ

ることを伝え、相談に乗ってもらった最初の牧師。

一九九四年八月、てるちゃんの呼びかけにより、京都ＹＷＣＡで「祈禱会」をもつこととなった。東は東京から、西は広島まで、エイズ関連の活動に従事するキリスト者の集まり。この「祈禱会」は、わたしがキリスト教の先輩たちと出会う貴重なきっかけのひとつだった。同年一一月、ほかの人びとも加わった実行委員会をつくり、一二月には「セクシュアル・マイノリティと共に祝うクリスマス礼拝」を開催。カナダ・トロントのエイズ・ホスピスCasey Houseで働く聖公会のダグラス司祭が礼拝メッセージを担当してくださった。もちろん、てるちゃんのツテである。

わたしたちは、その後も例会をもち、信仰生活、教会、家族や友人との関係など、さまざまな話題を持ち寄って集まった。翌年、てるちゃんは「堀江がやったらええねん！」と言い残し去って行く。機関紙を発行するようになり、今に至る。てるちゃんは、どこでも、軌道に乗ったら、去って行く仕掛け人だ。そういう意味で、運動の「師匠」でもある。

活動をはじめた途端、本当にいろんな人たちの話を聞くことになった。自分が「レズビアン」であることに気づき、それを受容する渦中。自己肯定なんてできていない。そんななかで見知らぬ人の話を聞いたり、講演に出かけて行ったりするのだから、いま考えてみれば、かなりの精神的な負担でもあった。プライベートで大変だったときも、てるちゃん

(プラス　あおさん)には本当にお世話になった。

てるちゃんたちが京都の八瀬に住んでいるころ、しばしば泊めてもらったし、処方された精神薬をまとめてのむ習慣があったときも、家の窓を外からはずし、救急病院に運んでもらったこともある。てるちゃんは、親身に向き合ってくれる「姉」でもあった。

てるちゃんと出会わなかったら、わたしの今の活動はなかった。そもそも「レズビアン」として前向きに生き、キリスト教の異性愛規範と対峙する〝足場〟も存在しえなかった。もらったものを継承していくこと、そして、だれかとつながっていくこと――それはわたしにとって、てるちゃんが残してくれた大切な宿題でもある。

特急か鈍行か――テル子のスピード

深田未来生

テル子の名前を知りながらも、初めて会ったのは、テル子がカナダでの留学を終え、帰って来て間もないころだったように思う。

不思議な女性であった。初めは僕を「深田先生」と呼んでいたのが、間もなく僕の妻ロ

カナダ・アメリカ研修

ーラを真似たのか、親しみを感じたのか、「ボブ」と呼び始めた。もしかしたら、こちらが初めから「テル子」と呼び捨てにしていたからかもしれない。相互関係は一種の同志に似たものであった。だいたいは何か相談や頼み事であったが、時にはやって来て、「おねだりする娘」のようなこともあった。それが全く不快感を与えない点でも、彼女は不思議な人だった。

テル子との付き合いには一定の判断が必要であった。次から次へと様々な考えが浮かぶようであったが、あることについては慎重だったり、「考え中」という姿勢を見せたりした。「鈍行」に乗っているのである。

ときには話を始めて即座に一種の緊急性を感じさせ、即座の反応と行動を求めることがある。「特急」なのである。聞いていると話が飛ぶようで。少し探ってみると、相当綿密に考えていたりする。

話はほとんどの場合、他者の問題やニードや社会がしばしば見逃している課題であった。アメリカ・カナダを中心に深刻な問題になっていたＨＩＶ・エイズの蔓延もその一つであった。この課題を真剣に考え始めていたローラとテル子は、直ちに焦点を日本に当てて、まずは京都ＹＷＣＡに研修と行動を呼びかけた。その結果の一つがアメリカ・カナダの研修旅行であった。その企画にかかわるテル子は「特急」スピードであった。十五人の参加者はＨＩＶ・エイズについての知識のみならず、背景や人柄においても多様・多彩な人々であった。ローラとテル子の企画であったが、「率いる」のはテル子である。研修は豊かな体験を生み、参加者のみならず、京都ＹＷＣＡを中心に日本でのＨＩＶ・エイズとの取り組みに寄与することとなった。研修中、通訳も兼ねていたテル子は体調を崩し、ローラは声が出なくなり、研修者として参加していた僕は、推進役と通訳の補佐をすることになったが、実り多い研修が続き、テル子自身も多くの刺激を受けた旅であった。

体調の不安定さを抱えてでも、テル子には「鈍行」でいいから生き続けてほしかったとつくづく思う。特急を降りてでも！

情熱に溢れる榎本てる子牧師との出会いを通していただいた大きな宝

安藤敬子

私は、修道会の仕事で東北タイの中で最も貧しいスリン県の農村の人々とともに五〜六年働いて日本に帰り、これから何をして働こうかと考えているときに、外国人労働者を支援する京都ＹＷＣＡ・Asian People Together（ＡＰＴ）という団体があることを知りました。電話をかけてみると、ぜひ来てくださいと言われ、すぐにボランティアとして受け入れていただきました。そこでＡＰＴの並びで活動をしていたPositive Action Now（以下、ＰＡＮ）で相談員をしていた榎本てる子牧師と出会いました。

ＰＡＮはＨＩＶ陽性者の支援や啓発の活動をしていました。外国人の患者のために病院や家に行くことがあり、私はタイ語通訳としてＡＰＴから派遣されて、てるちゃんとともに働く機会を与えられました。

当時てるちゃんが関わっていた人々は、東北タイで私が関わっていた若い女性たちと同じ境遇の人たちでした。貧しい両親を助け、弟や妹たちに勉強をさせるためにバンコクへ行き、ブローカーの見せる高い給料にだまされて日本に連れて来られ、過酷な労働を強いられるようになります。人の尊厳まで踏みにじられる経験をした彼女たちと出会ったてるちゃんは、身体だけでなく、傷ついたこころの深みにもそっと、またしっかりと寄り添っていました。

こういう彼女たちを真剣に助けるために、通訳をしてほしいと頼まれ、ご一緒に働くことができたことは大きな信仰への気づきでした。

てるちゃんは彼女たちの言葉をよく聴く人でした。教えるわけでもなく、意見を言うわけでもなく、「それで……」と、よく事情や気持ちを聴く人でした。

てるちゃんと共に働き、その姿を見ながら、彼女たちをしっかり抱きしめながら、貧しく、最も小さくされた人々に、心から「命のたまもの」を気づかせ、同伴し、祈る力強いてるちゃん牧師の姿を見ました。そこに、父なる神のいつくしみと大きな愛を伝える真剣な戦いの姿がありました。

今振り返ると、すべての人が神からいただく「命のたまもの」を最も小さくされた人々と共に祝っていこうとしたてるちゃんの信仰の姿が、心にしっかり残っています。てるちゃん牧師は、今も力いっぱい祈ってくれていると信じています。「Celebration of Life 命の祝い」、てるちゃんが示してくれたこの信仰の道を続けて生きていきましょう！

何があっても味方でいてくれる人

下菊　優

まず、少し自分のことを書かせていただきます。私は薬物依存症者です。今思えば、幼少期から生きづらさを抱え、何かに頼り、自分自身を誤魔化しながらでないと生きてこられなかったのでしょう。小学校のころに受けた虐《いじ》めにより人を信じることはもちろん、自分自身も……。そうして生きてきたなかで、薬物と出会い、自分を誤魔化し続けた結果、すべてをなくし、服役もしました。

その後、京都へ来ることになり、半年後バザールカフェでのお手伝いをする機会ができました。週に一度のバザールでのお手伝いをしているなか、様々な出逢いがあり、その中で、てる子（呼び捨てで、すいません）との出逢いがありました。

初めて逢ったにもかかわらず、前からの知り合いのようにしゃべってくるてる子、正直、逢ったことあったたっけ？って考えました。（苦笑）でも気がつけば、生まれてくる前から知っていたかのように話をしている自分がいました。自分の過去から、いろいろやらかしたことも、また新しい病気がわかったときも、お互い頑張ろな、って、絶対に僕を否定することなく、家族にも似たような関係に感じていました。

そんななかでも一番のエピソードは、僕が再婚をすることになった時です。

そのころはバザールでのお手伝いからも離れて、たまにしか顔も出せなくなっていました。たまたまお昼を食べに行くタイミングができ、バザールへ行き、その時の店長でもあったマリオと麗華さんに結婚の報告をしたら、「式は？」と、「バザールでしよ！」って感じで言われ、「もちろん牧師はてる子やし！」と、軽い感じ（冗談とも取れる感じ）でその時は話が終わりました。

お互いの身内を招待しての結婚式はする予定でしたが、京都で出逢った人たちを招待しての結婚式はどうしようかと思ってはいました。余裕があるわけでもなかったので、バザールの話も冗談で終わるかな、って思っていました。しばらくして冗談と思っていたことが本気なんだとなり、てる子とのやりとりなどもしながら打ち合わせをしました。そのころのてる子は、体調をよく崩したりしていて、打ち合わせ中も無理だけはしんといてな、ってよく言っていたと思います。

バザールでの式当日、てる子は鼻に酸素チューブを付けて、式を挙げてくれました。そんなてる子は式の最中でも笑顔でいつもの冗談まで盛り込んで、誓いのキスの場面では「チューせぇ」等、本当に楽しい式を挙げてくれました。

てる子に出逢えて、僕自身の幼少期からの心に引っかかっていたものが取れたように感じています。

つらい時に一緒にいてくれたテルちゃん

鈴木ゆみ

二十数年前、私はHIV検査を受けて陽性の結果を受け取った後、極度の緊張と不安の中、京都YWCA・PANのエイズ電話相談へ電話をかけていました。そのときに対応してくださった方が「テルちゃん」でした。その温かい関西弁口調の女性にすべてを打ち明けようと決心するのに、そう時間はかかりませんでした。

今にして思えば、電話相談の時間外にもかかわらず、テルちゃんは優しく対応してくださいましたね。私の尋常ではない感情を察したのか、テルちゃんは「京都においで！　明日おいで！」と言ってくださいました。あのとき、その言葉にどれだけ救われたことでしょうか！

そのころの私には、HIVに感染したら間もなく死亡するという偏ったイメージしかありませんでした。少しでも不安を取り除くために、エイズに纏わる本を何冊も購入しましたが、気持ちの解決には結びつかなかったので、京都へ行くことに迷いもありませんでした。ＨＩＶに関する知識がなかったので、テルちゃんに直接お話を伺い、気を落ち着かせることができたら、すぐにでも帰宅しようという予定でいました。

しかし気づけば、テルちゃん、アオちゃんのお宅に泊めていただいたうえに、気分転換のためにいろいろな場所へ連れて行ってくださったのを思い出します。夕方、琵琶湖にも連れて行ってくださいました。京都の有名ラーメン店、カラオケ店にも行きました。私は、その優しさに申し訳なく思いながらも、テルちゃんから「気持ちが落ち着くまで、ここにおってエエからなぁ……」の言葉に甘え、数週間連泊していました。さらには、私と同じような境遇の方々も紹介してくださいました。皆さん、優しい人ばかりで、体験談なども聞かせてくださいました。

お時間のあるときは部屋でみんな揃ってテレビゲームで遊びましたね！　おせんべい食べながら！　今思うと、あのとき、ゆっくりとした時間を過ごして自分の生き方をいろいろ考えることができたことに感謝しています。当時の迷いやつらい日々を乗り越えられたのも、冷静な判断ができるまでになれたのも、テルちゃんの型破りで大きな優しさが、そのままの私を受けとめてくれたおかげです。

現在私は、京都でテルちゃんたちに与えてもらった優しさと愛情を常に胸にしまい、家族と地元で楽しく暮らしています。幸いお薬の効果も当時とは格段に違い、体調も安定しています。そんな幸せを感じながら、現在までありがたい日々を過ごしています。

突然訪れた訃報の知らせ。あまりにも早いテルちゃんとのお別れに悲しみましたが、つらさとは別に「テルちゃん、本当の神様になっちゃったんだなぁ……」という想いでいます。テルちゃん、ずっと空の上からみんなを見守っていてくださいね。……そして、私が苦しくつらい時に一緒にいてくれてありがとう。

榎本てる子さんとの思い出――パワフルおてる

家西　悟

てるちゃんとの出会いは、てるちゃんが関わっていた京都ＹＷＣＡでのＨＩＶへの啓発や患者さんへの支援を行うグループの手伝いを頼まれた時でした。患者としての意見や思いなどを話させていただいたりしていました。妻とは、そこで出会いました。

私たち夫婦は、てるちゃんには本当にお世話になりました。私たちの結婚を妻の両親に反対されたときには、両親との間に立っていろいろと説得や話し合いをしてくれたり、婚姻届の保証人の一人になってくれたりしました。

新婚旅行の時には、てるちゃんも一緒に行きました。ロサンゼルスからラスベガス、そしてカナダのトロントと楽しい旅でした。

ラスベガスではカジノのスロットマシンにはまり、負けそうになると、てるちゃんは両手を握り、「神さま」と祈っていました。私が、「インチキ牧師」と言うと、てるちゃんは「神さまは助けてくれはるねん」と言って笑っていました。

エンジェル（1995年）

国内旅行にも一緒に行き、岡山の湯原温泉では川に混浴の露天風呂があり、一緒に入ったりしました。（タオルは巻いていましたよ）　そのときのてるちゃんのいたずらにドン引きした思い出は忘れられません。（ここではどんな内容か書けませんが……）

境港に向かう途中の蒜山高原では、雪がすごく積もっていて、その雪に、てるちゃんがあおむけに倒れて「エンジェル」と言って両手をバタバタと動かしていました。

それをあちこちでやっているうちに、雪が積もって見えなくなっていた溝に体の半分が落ちて埋まっていました。怪我もなく無事だったので、そのときは皆で大笑いしていました。

そんなおちゃめなてるちゃんを思い出します。一緒にいて本当に楽しい人でした。

私にとって榎本てる子さんは、公私ともに良きアドバイザーであり、良き友人でもありました。

今でも、てるちゃんから電話がかかってきて、「家西くーん、あんなぁー」と言ってくるような気がします。

また、いつの時代か逢えることを信じて、「ありがとう、てるちゃん。またね！」

てるちゃんの二つの思い出

平良愛香

てるちゃんからこんな話をされた。

「ＨＩＶに感染している人の中には、『自業自得やから仕方ない』と考えている人がおる。自分のやったことに罰《ばち》が当たったかのように思うことで、この不条理を受けとめようとする。でもそれって違うやんか。たまたまやんか。少なくともキリスト教では自業自得だとは教えない。でも『自業自得ではありません』と言ったところで、『それなら、なぜ自分はこんなに苦しまなあかんのか』ということの答えは見つからんし、よけい苦しむ。まさか『それは神さまのご計画です』とは言われへんし。私たち宗教者ができることって何だと思う？」

そんな会話から、「宗教者としてできること、宗教者だからこそできることをしたいと思う」という話になり、二〇一一年秋に開催された第二五回日本エイズ学会にて、「宗教者によるエイズメモリアル」を有志の実行委員会で企画した。ＨＩＶ／エイズは罰や裁きなんかではない。ただ私たちはその悲しみ、苦しみに寄り添い、祈る者、共に生きる者でありたい。共に闘う者でありたい。そういうプログラムを、仏教の僧侶を巻き込んで行うことができた。僕にとって、それがてるちゃんの一番の思い出。

てるちゃんが自宅で療養し、発作の合間に僕と会ってくれた時のこと。いきなりてるちゃんから素晴らしいあだ名をつけてもらった。「スーパーナルシス愛香！」めっちゃ嬉しかった。きっと他の人に言われたら、むっとしただろうけど、僕が自分を愛せるようになるのにどれだけ苦労したか、ということをてるちゃんは見抜いてくれたんだと感じた。自分自身を好きになることがどれだけ自分のパワーになっているかということを、てるちゃんは面白がってくれたんだと気づいた。もっとナルシストに徹しようと思った。僕にとって、それがてるちゃんの、もうひとつの思い出。

榎本先生はハンドスピナー

キム・ウォンギ

みなさんは、ある人物との出会いによって、それからの人生が大きく変わるという経験をされたことがあるでしょうか。わたしにとって榎本先生はまさにそのような人物でした。幼少期からの目標であった「牧師になること」への道筋を立て、その目標に向かって歩みを起こす決意を促してくれたのも彼女でした。

榎本先生は、わたしにとって恩師としてばかりではなく、牧師として、またそれ以前に人として尊敬できる憧れのような存在でした。榎本先生のまわりにはいつも大勢の人が集まり、笑いが絶えませんでした。バザールカフェにおいて、また関西学院大学神学部、HIVカウンセリング、その他多岐にわたる活動の中で出会う多くの人たちを瞬時に魅了し、悲しみさえも笑顔に変えてしまう榎本先生のユーモアと柔軟な心、そして溢れんばかりの愛に、わたしたちは何度癒されてきたことでしょう。

そんな榎本先生の早すぎる死を、わたしはいまだに上手く受け入れることができていないようです。

わたしはよく冗談で「大きくなったら、榎本先生のようになりたい、いや、榎本先生になりたい」などと友人らに語っていました。しかし、今ではそのことが冗談とは言えないほど、その気持ちを抑えることができずにいます。榎本先生がいない世界は、味気なく、寂しいのです。

先日、部屋の整頓をしていると、榎本先生からいただいたあるものを見つけました。「ウォンギ、これあげるわ」と言った先生の笑顔とそのときの情景が、一斉によみがえってきました。先生の研究室で手渡されたプレゼントは丁寧に包装されていて（あくまで榎本先生基準ですので、一般的には雑とも言える。笑）、開けてみると、それは当時流行していたハンドスピナーでした。あまりにも唐突なハンドスピナーの出現に、わたしは「なんでやねーん」と突っ込まずにはいられませんでしたが、添えられた手紙を読んだとき、「なるほど」と思わされました。手紙には、「ウォンギ、大丈夫やで。あんたはようやってる。ゆっくりでええねん。これ回してたら、心が落ち着くんやて。おもろいやろ。使うてみ」というような言葉が綴られていたからです。

わたしはちょうどそのころ、学業に追われ、生活面などにおいても余裕がなく、また自分の健康や将来に対する不安などから押し潰されそうになっていました。平静さを装い、淡々と日々の生活を送っていたつもりでしたが、榎本先生にはお見通しだったのでしょう。先生は、ハンドスピナーに「あんたを大事に思ってるで」という気持ちと榎本流のユーモアを重ねられたのでした。

わたしはこれからも、このハンドスピナーを見るたびに先生を思い起こし、手に取ることでしょう。相手の心を和ませ、いつもそばに寄り添おうとしてくださった榎本先生は、まるでハンドスピナーのような人だったといえるかもしれませんね。

「あんた、おもろいな」or 京都のウーピー・ゴールドバーグ

大森照輝

榎本先生とはじめて出会ったのは、二〇〇八年秋学期のことです。チャイムの音とともに、ヨレヨレのニット姿で登場した先生。当たり前のように学生机にどすんと腰掛け、授業が始まりました。授業の内容は、担当の学生が課題図書を要約して発表し、それをもと

にディスカッションをするというもの。「で、あんたはどう思ったん？」「あんたは何を感じたん？」そう問いかけて、学生たちの意見を次々と引き出していく。先生の授業はいつも正解がなく、自分が問われます。一番後ろに座っていたボクは、終盤、あまりの面白さに、つい手をあげて発言していました。

関西学院大学での授業風景

ボクの目に映った先生は、映画『天使にラブソングを』のウーピー・ゴールドバーグ。メアリー・クラレンスさながら、パワフルで、ユニークで、情熱的。「こんな人がいるんだ」と、感動というか衝撃を受けたことを、今でも鮮明に覚えています。次の授業へ向かうため教室を出ると、「ちょっとあんた！」と廊下に鳴り響く大きな声が。振り返ると、人差し指をこっちに向けて仁王立ちしている先生の姿。「ボクですか？」と首をかしげると、その人差し指がクイックイッ、と動く。恐る恐る近づくと、イタズラな笑顔を浮かべながら一言、「あんた、おもろいな」。これが先生との出会いのはじまりです。

冴えない映画の主人公が、ひとつの出会いをきっかけに成長を遂げていく。まさにボクにとって先生は、自分では開けられなかった扉を開いてくれる存在でした。その人の中に眠っている可能性を天性の嗅覚で嗅ぎ分けて引き出し、極めつけは「あんた、おもろいな」と、決め台詞をかまして自分の人生に巻き込んでいく。それはそれは見事なもんです。たぶん、あれだけ深いところで自分のことを理解し受けとめてくれた人とは、もう出会えないだろうなと思います。そう思うと、やりきれないし、悲しい。けれど、悲しむことまで含めて関係性なんだと、いまはそう思っています。

先生との出会いは、これから先どんなふうに転がっていくんだろう。出会えたこと、同じ時間を過ごすことができたことを胸にしまいつつ、今日も先生の背中を追いかけています。

「由奈、てるちゃんのこと、気に入った！」

武田　丈

「由奈、てるちゃんのこと、気に入った！」　これは、二〇一七年九月二三日に開催された「榎本てる子生誕祭——これからもいけいけGOGOパーティー」の帰り路に、九歳の私の娘がつぶやいた言葉でした。初対面だったにもかかわらず、直感的にてるちゃんの人柄を見抜いたのではないかと思います。てるちゃんはだれに対してもオープンで、特に「生きづらさ」を抱えているというか、そういう状況に置かれている人たちに常に寄り添って、本当に親身になって話を聞いて受け入れ、励ましていたので、常にいろんな人に慕われていました。それを私の娘は感じ取っていたのだと思います。

私がてるちゃんに出会ったのは二〇〇二年設立のCHARMの立ち上げ準備の時だったので、二十年近く前なのですが、本当に親しくなったのは、てるちゃんが関西学院大学に着任して人権教育研究室のメンバーとして一緒に活動するようになってからだと思います。人権教育科目「セクシュアリティと人権」の運営の相談に乗ってもらったり、そしてなんといっても「関学レインボーウィーク」を一緒に運営していくなかで、「榎本さん」から「てるちゃん先生」、そして「てるちゃん」と呼ぶようになったのです。

学内で多くの学生に慕われていたてるちゃんは、そうした学生たちといつも楽しそうな、面白そうな悪巧みを企画して、実行していました。神学部のてるちゃんのゼミでは毎年「シークレットサンタ」といって、ゼミの中で相手に悟られないように、その人に合ったプレゼントを用意して、もらった人がだれが自分のシークレットサンタだったのかを推理する企画をやっていました。私はそのことを聞きつけ、自分のゼミでも真似してやってみたことがあります。

二〇一六年度、二〇一七年度の関学レインボーウィークでは、神学部の学部生、院生、卒業生を巻き込んで、「多様な性を祝う集い」を企画運営してくれました。二〇一八年度の関学レインボーウィークでは、療養中にもかかわらずメールでてるちゃんがつないでくれたおかげで、映画『私はワタシ～over the rainbow～』の上映会&トークを開催することができました。

二〇一九年度の関学レインボーウィークをてるちゃんに手伝ってもらうことはできないけれど、てるちゃんのスピリットはスタッフ一同で引き継ぎ、二年ぶりに「多様な性を祝う集い」を開催する予定です。

天国から見守っといてな。てるちゃんに負けへん、素敵なプログラムにするので！

長谷川博史

〝聖なる俗人〟榎本テルコとの出会い

一九九四年夏、僕は報道記者証を入手して、横浜で開催されていた国際エイズ会議に参加した。そして、関心のあるセッションの合間をＨＩＶ陽性者専用の休憩施設である〝ＰＷＡラウンジ〟で暇をつぶしていた。そこで出会った強烈な存在感を放つ一人のボランティアスタッフに僕は意識をさらわれた。

……気になる！　彼女は何者なんだ!?

風貌は歌手のイルカを横に二割増しで引き延ばした感じ。何とヒョウ柄のスパッツ！

これが噂に聞く関西のオバちゃんだ！

僕の推理は的中した。最初に彼女が声をかけてきた言葉。

「何かお手伝いすること、ありませんか？」

案の定の関西なまり。

はじめは当たりさわりのない世間話。それでも雑誌編集者性か、つい根掘り葉掘りの取材を始めた。そこで彼女が牧師であり、カナダでエイズカウンセリングを学んで帰国して間もないことなどを話してくれた。それが榎本テルコとの出会いだった。

お昼時になると、ＰＷＡラウンジには昼食を求めて陽性者が長蛇の列を成していた。

「ねえ、ごちそうするから外で食べない？」

待つことが嫌いな僕はテルコを外に誘った。カレーを求め、廊下の地べたに座り込んで、二人して食べ始めた。すると彼女は、ボランティアの持ち場を離れたせいか少しずつ自分のことも話し始めた。そしてついにはいろいろな質問が飛んできた。

「発症するのは怖くないの？」

「ＨＩＶに感染してて、何でそんなに明るくいられるの？」

「死ぬのは怖くないの？」

当時の僕は感染告知を受けた後、十か月あまり部屋の窓を閉め切って、般若心経やら法華経やらを読みあさった結果、死を恐れることがバカバカしくなっていた。あれはちょうど諸々の悩みや迷いが整理されて、僕の人生の中でも最も邪念のなかった時期だったかもしれない。

すると彼女が突然泣き出した。自分が無力だと嘆いた。

僕は途方に暮れて直近の自分の経験から理解したことを榎本に返した。具体的な会話の内容はもはや記憶の彼方。

これをキッカケに二人は急接近。その年の文化の日、僕は榎本の自宅に招かれた。そこには、後に日本初のＨＩＶ陽性者の議員となった家西悟さんがいた。「ダムタイプ」の中心アーティスト古橋悌二さんがいた。また彼を支援するブブさんとオニさんがいた。振り返ると、ここにその後の僕の人生を左右する大きな出会いがいくつもあった。

東京から眺めていると、テルコの仕事は多くの人を救い、まさしく聖人のように見えた。

しかし直接会って見ていると、食欲に負け、パチンコに依存気味になっている煩悩の固まりのような姿が見える。逆もまた真なりで、彼女は俗物たる自分をありのままに受け入れたからこそ、多くの人を支えるエネルギーを最後まで持ち続けることができたのかもしれない。

その両方が榎本テルコの真の姿だったんだと思う。それでいいのだ。（合掌）

モバイル・教会

仲倉高広

日本エイズ学会では、毎年、世界エイズデー・メモリアル・サービスの開催が恒例になっています。二〇一八年の学会で八回目を迎えました。メモリアル・サービスは、ＨＩＶ／ＡＩＤＳで亡くなった方や関わりのある方を偲ぶ、そして現在生きている私たちや、これからの未来に思いを馳せる時間として始まりました。学会のなかでは異色を放っていますが、大切なプログラムになっています。

どうして実際に企画するようになったのか、実ははっきり思い出せません。思い出せるのは、京都の北山にあるオシャレな喫茶店での場面です。榎本てる子さんといえば、居酒屋などガヤガヤしたお店とともに思い出すことが多いのですが、この日はオシャレな喫茶店で雑誌に載るようなお店でした。お茶とケーキをいただきながら、榎本さんは「儀礼(ritual)って大事やと思わへん。そやろう」と熱の入った話をしていました。榎本さんの発想や話を聞いていると、いつも、榎本さんのこころのなかには、きっと具体的な人がイメージされて話しているのだろうなあと感じていました。「儀礼」の話のときも、儀礼をする側の意見ではなく、亡くなった方や大切な人を亡くした人のことを想い、今ないものは作ればいいという勢いで語っていました。

ご存じの方も多いと思うのですが、榎本てる子さんがこれはいい！と思ったら、儀礼の話だけで終わるわけはありません。関わる人を何人も名指しし、明日にでもできるかのように話していました。話をしていた私も、榎本てる子さんのなかではすでに役割が決まっており、最終的に第一回のメモリアル・サービスをいろんな仲間や協力者とともに行うことになりました。榎本さんが決めている私の役割は、決して利用されているという印象を抱くものではなく、いつも私が自分の殻や欠点を突き破り、心地よい自分に変えてくれるものでした。私のことも榎本てる子さんは思ってくれたのだと今も信じることができます。

また、榎本てる子さんは、目の前にいる人、こころに浮かぶ人、すべてに心を配る方です。メモリアル・サービスのメッセージを語る人たちをどういう順番でお願いするか、参加する人がそれぞれの思いをどうすれば尊重し、どうすれば共にあることを実感できるかを、「あかんかったかな」と自嘲気味な口癖とともに、考えていました。メモリアル・サービスに参加されたことのある方は、榎本てる子さんの目立たない愛を実感していると思います。学術集会である学会で、このような「儀礼」が行われ、現在も続けられているということは、さまざまな方の思いと協力でできていることは間違いありません。その大勢の人の「優しい気持ち」を引き出し、メモリアル・サービスとして結実させたのは榎本てる子さんです。メモリアル・サービスだけではありません。榎本てる子さんのいる時間と場所がいつのまにか教会のようになり、私は動く教会、モバイル・教会だなあと思っています。

メモリアル・サービス

　ボディタッチの多い榎本てる子さん、語りかけてくる声、存在は今なお私には鮮明で、文字に集約することができません。榎本てる子さんとまた語り合いたい。世界エイズデー・メモリアル・サービスの時間と場所は、榎本てる子さんの愛の結実のほんの小さなひとつですが、それでも私は榎本てる子さんで胸がいっぱいになります。

最後に、長くなりますが、第一回世界エイズデー・メモリアル・サービスのときに、中道基夫先生が作られた「招きの言葉」をご紹介し、終えたいと思います。

忘れない、勇気を持つために

わたしたちは、悲しむときに、怒りがこみ上げてくることがあります。打ちのめされたような思いになり、わたしたちの中から力が奪われてしまうような思いになります。しかし、今日わたしたちがここに集まってきたのは、わたしたちはひとりでその痛みを担っていくわけではないことの象徴です。悲しむとき、だれかがわたしたちのそばにいて、わたしたちを理解し、共に感じ、そしてわたしたちの中で新しい何かが始まろうとしていることを気づかせてくれるでしょう。わたしたちはそんな出会いと連帯を今日のこの交わりの中で経験したいと思います。わたしたちのこころの中にある人々のことを覚えて、しばらく沈黙の時を持ちたいと思います。

沈黙し、だれかのことを、また自分自身のことを考えることはとても大切なことです。

しかし、わたしたちはわたしたちを黙らせる力とも戦っていかなければなりません。いかに多くの人が沈黙を強いられ、たとえ声を発してもその言葉は聞き取られることなく、むなしく消えていったことでしょうか。わたしたちは、沈黙させる力を打ち破るために、何人かの方にそれぞれの思いを分かち合っていただきます。沈黙を破る歌と。

We shall overcome!

祝福と連帯を求めて

「ダイセンセイ」

小柳伸顕

「コヤナギ　ダイセンセイ」。てる子さんからの電話の第一声です。この「ダイセンセイ」がつくときは、必ずてる子さんからのお願いでした。「……の会があるから参加してほしい」「フィールドワークで学生たちと釜ヶ崎に行くからよろしく」。こんな電話を何度受けたでしょうか。そして話をこちらが断ることができないように運ぶのです。「その話だったら誰々がいいでしょう」「こんな方法もありますが……」と抵抗します。しかし最

私家本『…というわけで、
おかげさんで…』

後は説得されて引き受けていました。

関西学院大学神学部の学生たちのフィールドワーク地の一つに、大阪の日雇い労働者の町釜ヶ崎が選ばれ、四～五年協力しました。

はじめのころは、てる子さんもお元気で、学生たちと一緒に釜ヶ崎の中を歩きました。その風景は、「榎本先生」が、どんなに学生たちから信頼されているか、その会話を聞いていて思いました。教室の授業もたぶん教師ぶらずに、こんな調子だったのではと想像しました。決して「教師」ぶらないのです。

あるフィールドワークのとき、どうしても旧遊郭の飛田新地に行きたいというのです。飛田新地は釜ヶ崎から歩いて四～五分のところにあります。昼間、しかも十人余りの若い男女を連れて歩くのには、やはり気がひけました。しかし、どうしてもと言うので、こちらも根負けして飛田新地の中をゾロゾロと歩きました。そのときの学生たちとの会話は、ほんとうに自由で、学生たち自身も自分の性に関することを「榎本先生」に赤裸々に語っていました。

学生たちとのやりとりを聞いていて、てる子さんは、こんな形でこれまで人々と出会い、繋《つな》がりを作ってきたと思います。てる子さんも本音で語り、相手もまた、てる子さんに本音をぶつけたと思います。

そんなてる子さんの出発点は、カナダ留学（一九八五〜一九八八年）にあったことを、今回その一部を本書に収めた「…というわけで、おかげさんで…カナダ体験記」（一九九一年刊私家本）を改めて読んでみて、思わされました。

実は、この「カナダ体験記」、出るとすぐにてる子さんから「この本、出版社から出してや」と依頼されたのですが、非力で実現しないまま今日に至りました。しかし、今回機会があって、その一部とはいえ、本書に再録できたことをてる子さんも喜んでくれるのではないかと密かに思っているところです。

「スタート」――てる子先生を一言で表すと“Guide Runner”

わたる

出会いは関西学院大学神学部。大学生活が始まってすぐの初めて会った授業後に、先生がご飯に誘ってくれました。二人きりで緊張したのを覚えていますが、不思議と導かれるままに、僕は先生にカミングアウトしました。「先生、実は僕トランスジェンダーで男になりたいんです」と。今思えば、気づいていたのかもしれません。その時の優しく受けとめてくれた先生の顔を今でも思い出します。

僕は幼少期から女の子として扱われることに違和感を覚え、それが苦痛でした。体に対する嫌悪感があり、特に小、中、高の学生時代はつらいことも多かったのです。また、クリスチャンホームに生まれ、十歳で受洗しましたが、キリスト教の性に対する姿勢がとても否定的なものと感じ、自分は神様の子ではなく、悪魔の子なんだと思い込み、絶望し、教会に行くことがつらい時期が長くありました。今後どう生きていけばいいのか必死に考えていたところで出会ったのが、てる子先生だったのです。

先生は、僕が感じてきた痛みに寄り添って共に泣いてくれました。そしてそれを自己肯定できる言葉で伝えてくれて、ずっと応援し続けてくれていました。ありのままで生きることを教えてくれた人の一人です。また先生は常に考えさせてくれる人でした。「あんたにとっての男ってなんなん？」とか「神様ってなんなん？」とか。そして今もいろんなことを考えさせ続けてくれます。

そして二〇一三年三月卒業。僕は家族、パートナー、教授や同期、繋がる多くの人の支えもあり、自分という性で生きることを決断しました。

今までの道は決して楽ではありませんでしたが、先生はずっとその道を伴走してくれていたように思います。親へのカミングアウトの時、ホルモン注射をはじめて打つ時、性別移行期の中途半端な自分への苛立ちや、どうしようもない怒りが溢れてきた時、手術を決断した時、男性社員として初めて働いた時、そして大切な人と一緒に生きていこうと決断した時。二〇一七年三月に僕は、てる子先生と水野先生の司式により、てる子ゼミで一緒だったパートナーと結婚しました。涙を流し、僕たちを送り出してくれた先生の言葉を今でも思い出します。あの瞬間を僕は一生忘れません。

先生が今でも僕の人生を伴走してくれているように、僕も伴走できる人となれるよう、そして精一杯この人生を生きていきたいと思っています。てる子先生に出会えたこと、それが僕の新たなスタートでした。

水野牧師と一緒の司式（2017 年 3 月）

てる子は「火つけ役」

日浦恵真

出会いは、大阪女学院高等学校一年生の教室やったね。初めての印象は「髪の毛の多い子やなぁ」って思ったよ。人懐っこくて、豚の鼻をして「ブーブー」するのがトレードマークやったなぁ。人寂しくて人にいてほしいのに、人疲れして面倒になって葛藤してたよね。私ともくっついたり、離れたり。結局大学後半から連絡が途切れて、てる子の活躍は風の便りに聞いてた。でもさ、ずっと、私はクリスマスカードは実家のほうへ送ってたんやで。だからFacebookで再会した時は嬉しかったねぇ。

大人になったてる子は、「聴く」天才になっていた。てる子といると、自然に自分のことを話してしまう経験がある人は多いと思う。私も話している間に自分の問題が客観的に整理されていって、原因が自分の中にあることに気づかされていくことが何度もあった。これはすごい技だと思って、何度かてる子のテクニックを観察して学習しようとしたことがあったけれど、そんなものはなかったわ。話し手が自らを発見することを「待つ」ことができる教育者だったんだ。

てる子は、本当に優しい人やった。どんな人とも平安に共存したかった。若かりし日に通った葛藤の日々は必要やったんやと思うわ。神様との日々の語らいによって、岩石だったダイヤモンドが年月を経て磨かれた感があったよ。

「どんな人も存在を受容されるようなコミュニティー」を夢見たてる子に火をつけられた仲間が、家庭のドアを開け、教会を開けていくだろうね。私も火種をいただいているからね。高校時代よく一緒に歌った「We shall overcome someday」覚えてる？　てる子が勧めてくれたGlide Memorial Churchでは、「We shall overcome now!」と歌うらしい。夢は今から始まるんだね。まずは、私も神様との語らいに立ち返るわね。すぐに義憤にかられるからさ。

神様、本当に、てる子と再会させてくださって感謝です。ハレルヤ！

真の牧師

今泉晶久

神学部に入学した初めから、先生はなんとなく気になる存在でした。先生のまわりにはよく学生が集まっていて、学生たちは何気ない話を楽しそうにしている。堅そうな先生が多いなかで、「変わった先生もいるんだなあ」「あの人が部屋におると、なんとなく明るいなあ」というのが最初の印象です。

僕が大学四年生のとき、人生に行き詰まり、悩んだことがあって、ふと先生の顔が浮かび、相談したいと連絡しました。バザールカフェで会うことになり、いまでも忘れません、暖炉側の隅っこの席で話しました。

そこで自分の心に起きている問題を初めて先生に語ったとき、先生はゆっくりうなずきながら、ひたすら僕の話を聞いてくれました。ただ、僕の話の内容に合わせて表情を変え、「そうかあ」「頑張ってきてんなあ」と聞いてくれました。ただ優しくうなずいてくれました。

ここをスタートに、僕は先生との何度にも及ぶ対話のなかでヒントをもらい、うまくいったり失敗もしたりしながら、先生からたくさんのことを学びました。

先生は常に、人に偏見を持たず、相手にとって一番良い方法を考えて行動していました。そのために必ず相手の話を聞くことから始める。

「調子どうや?」「彼女とはうまくいってるんか?」　先生との会話はそんな何気ないところからはじまります。話しているうちに、自分の捕らわれや、視点を変えれば実はほかにも選択肢があることに気づかされるのです。

先生は相手に真剣に寄り添う姿勢を常に持っていました。（そうできずに自分に苛立っているときもありました。）　関わった人にはその姿勢が伝わり、優しさに触れ、みんな大切なことを見いだしていったのだと思います。

いまになって気づいたことですが、先生の姿勢、生き方、その根幹にはキリスト教があったんだと感じます。先生は「神様は」「聖書は」という話はほとんどしませんでしたが、「大丈夫やで」「あなたはすでに愛されているんよ」「いつでも帰る場所があるよ」　これらを姿勢で示してくれていました。

「まず相手の話を聴く」「一番良い方法をいっしょに考える」「立場や境遇の垣根を超えて関わろうとする」「言葉だけでなく姿勢で伝える」

これらを本当に生の現場で実践していた先生。

亡くなる直前でさえ、困っている人の力になろうと尽くしていました。

僕はここに真の牧師の姿を見ました。

先生、本当にお世話になりました。

Celebration of Life ── いのちを祝う

中道基夫

今日は二〇一九年三月一四日。一年前の二〇一八年三月一〇日土曜日、良く晴れた日、榎本さんの病室を訪れたときのことでした。この日以前にも、榎本さんから「わたしの葬式やってな」と言われていました。しかし、その言葉をそれほど真剣に受けとめるわけではなく、冗談で受け答えていました。榎本さんの願いを軽んじ、茶化していたわけではなく、真剣に受けとめたくなかったからでした。この日も、榎本さんはいろいろ自分の葬儀についてリクエストを並べ立ててきました。それは、今まではない具体的な内容でした。その榎本さんに、「今、だれもあんたと葬式の話をしたくない」と、なかば怒りながら言ったことを覚えています。それだけ、葬儀が冗談ではなく現実のものとして感じられたからでした。

一緒に葬儀の準備と司式に指名された上内鏡子さんを通じて、榎本さんからの葬儀に関する願い（指令）を聞いていました。「キリスト教」的ではないキリスト教葬儀。前夜式（お通夜）はしない。バザールカフェでパーティ、だれでもわたしのことを自由に語れるプログラム。ショータイムあり、賛美歌以外の音楽も、でも賛美歌「まぶねのなかに」（めっちゃオーソドックスなザ・賛美歌）は歌う。死後の世界や希望について語ってほしい。葬儀ではなくて“Celebration of Teruko's Life” あとなんなりとご自由に（何が残っとんねん！）。あぁ、また発想だけして、それを実現する細かで膨大な苦労は人任せ（よろちく！）で、でもそれがなんとなく実現していくというテルコマジックにはまりつつ、なんとかその想い（指令）に応えたいという気持ちが半分、こんな常識外れの無茶なことを言われても、できることとできないことがあるという理性的な思いが半分。

Celebration of Life

榎本さんの願いを具体的に考え始めたのは、もはや榎本さんが話すことも、わたしたちの語りかけにも反応できなくなってしまったときからです。準備や実際の葬儀の時間的な問題、費用の問題、式場となる教会、参列者の人数の問題などを考えると、榎本さんの願いをすべてかなえることはできません。その中でもわたしたちが榎本さんの葬儀において大切にしたいと願ったことは――

・葬儀とは名づけず、“Celebration of Life”（いのちを祝う）とすること
・できるだけ明るい服装で集い、虹のような様々な色で彩られること

出来映えは、みなさんが経験されたとおりです。おそらく日本のキリスト教葬儀史上類を見ない amazing な Celebration になったのではないでしょうか。

てる子を慕うたくさんの人の協力で出来上がった“Celebration of Life”。金曜日の夕方、「前夜の祈り」が始まる直前、空を覆う真っ黒な雲、とどろく雷鳴、土砂降りの雨、そしてその後に現れた虹。テルコマジックはまだまだ生きています。今日も、そして明日も。

「共喜共泣」の人

木原活信

榎本てる子さんと知り合って十数年ですが、学生時代から彼女のお父様の榎本保郎牧師の『一日一章』を愛読していましたので、長い付き合いのように思えてなりませんでした。あの偉大なお父様の娘のイメージとのギャップ——その破天荒さには驚いてばかりでした。

彼女は突然よく研究室に訪ねて来ました。あるとき、私の著作を読んで、「感動した！

あの本、最高やったで。私の実践の理屈が書いてあった。木原さん、私の先生やで」等、今から思えば、調子に乗せられることがしばしばでした。またあるとき、「木原さんは私の父親にそっくりやで、早死にせんときや」とも言われました。そんななか、関学の神学部で新プログラムの立ち上げに際して、「木原さんの理論をもとにキリスト教と社会福祉をドッキングさせるような授業を新たに起こしたい。それを担当して」と懇願するのです。最初はお断りしましたが、キリスト教界に新しい風を起こしたいという情熱に圧倒され、引き受けました。今に思えば、彼女と一緒に短い期間でしたが、有意義な講義ができたことは本当に感謝なことでした。

彼女は決して器用な人ではありませんでしたが、天真爛漫な性格に、多くの友が自然と近寄って来ました。彼女の周りには、社会から見放された人たち、マイノリティと言われた人たちが近づいて来て、いつも輪ができていました。その姿は、彼女が愛してやまなかった「ナザレのあの方」の周りをいつも徴税人、遊女、病人、苦しめる人たち、社会に見放された人たちが囲んだように。そこには真の交わりがあり、笑いと喜びがあり、慰めがありました。

「榎本さんが一緒に泣いてくれたことで死なないですんだ」という人もいました。国家試験に何度も失敗していたある学生が合格したときの榎本さんの喜びが尋常ではなかったのも、印象に残っています。彼女は、聖書の語る「喜ぶ人と一緒に喜び、泣く人と一緒に泣く」にぴったりの人でした。真にキリスト者として霊的であることは何かを、身をもって教えてくれました。そういう意味で榎本てる子を一言で言い表すと、それは「共喜共泣」の人ということでしょうか。

亡くなる前に、「もうあかんわ、やり残したこと多く残念……」と言っていましたが、駆け抜けた五十五年の人生と出会いに感謝します。今は、主の懐に抱かれ、怖かった「ちいろば先生」も、「娘よ、本当によくやった」とねぎらいの言葉をかけていることでしょう。お疲れ様。また会いましょう。

てるさんへ

渡邊洋次郎

初めて、てるさんと会ったのは、関西学院大学神学部のゼミへ行った時やったね。依存症者で、入院歴や前科のある私に、「洋次郎！　大学に来て、ゼミ生たちに、自分の話をしてあげて!!」って言ってくれた。人との関係性に対して、不安や怖さを持っていたけれど、てるさんが「洋次郎、あんたと私は友達やで!!」って言ってくれて、本当に嬉しかったよ。研究室に着くなり、「とにかく、食べ！」って差し出されたお弁当は、摂食障害気味の私にとって、ちょっとしんどかったけれど、それから普通に食事を食べるようになった。同志社大学であった勉強会でも、遅れて会場入りした私に、「せっかく来てくれたんやから！　本の宣伝しいや！」と言って、背中を押してくれた。

てるさんと初めて会った時には、すでに酸素ボンベを携帯していて、ときどき、ものすごく苦しそうに咳き込んだり、倒れかかりそうにもなったりしていたけれど、しばらくすると、いつもの元気なてるさんに戻っていた。自分が喘息持ちなので、息ができへん苦しさは少し分かるけれど、そのときのてるさんのつらさや苦しさは、きっと想像できるもんじゃなかった。それでも、いつも、「洋次郎は友達やで！」、「飯食べや！」って、大きな声で言ってくれた。

去年の年明け、てるさんの家で、てるさん、ちえさん、川上さん、私の四人ですき焼きを食べた。人を、過去や経歴、見た目で判断しない眼差し。ぶっきらぼうに見えるけれど、人の痛みを知っているからこそかけられる繊細な言葉の一つ一つ。ううん、言葉だけじゃなく、関わりのすべてが、その証しやった。どこのだれかもわからない私を友達だと言ってくれたこと。自分の大事な仲間たちに私を引き合わせてくれたこと。私を、「友達やろ！」と言ってくれたこと。そんな一つ一つが、てるさんの愛やと思った。だれもが家族なんや。友達なんや。助け合って、支え合おう。「弱くてもええやん」って言ってくれているような気がした。

今も天国で、破茶滅茶にしているんかな。ときどき虹を見たら、てるさんのことを思い出す。てるさんが、育てたみんなとの繋がりを思い出す。てるさんは、今でも大きな空にかけられた虹のように、私たちを見守ってくれている。なんか、てるさんの中に、生きている自分を感じるよ。傷ついて、拗《す》ねていた私のちっちゃな心にも、気づいて、さりげなく、言葉を投げかけてくれたことは、忘れない。

本当に、嬉しかった。

ありがとう。

患者さんへの寄り添い

白野倫徳

私と榎本さんの出会いは、私が研修医であった二〇〇二年でした。特定非営利活動法人

ＣＨＡＲＭが大阪市内で土曜日、常設ＨＩＶ検査を実施することとなり、私も結果のお知らせを担うようになりました。その際に榎本さんがカウンセリングを担当され、多くの方が笑顔になっていくのを目の当たりにしました。

後に私が大阪市立総合医療センター感染症内科で診療を行うようになったころは、派遣カウンセラーとして患者さんの支えとなっていました。このころのエピソードで、どうしても書きとめておきたいことがあります。

当時、脳の悪性リンパ腫で予後がきわめて悪いエイズ患者さんが入院しておられました。その患者さんには長く連れ添っていた同性のパートナーさんがいたのですが、榎本さんには患者さんとパートナーさんのカウンセリングをしていただきました。結局患者さんは亡くなられましたが、葬儀の喪主は家族であり、家族にカミングアウトしていなかったこともあって、パートナーさんは友人として参列し、悔しい想いをされました。

葬儀の後、榎本さんが「あらためて私らでお葬式をしたらいいやん」と提案され、親しい友人とともに彼が暮らしていた部屋に集まり、偲ぶ会を開催しました。パートナーさんはずいぶん救われたものと思います。

そのときパートナーさんが、「これはあいつが闘病していた時のものです。あいつを忘れないでください」と私に一本の体温計を差し出されました。これは今でも私の診療の原点となるエピソードであり、体温計は大切に保管しています。

榎本さんとそんな関わりがあった時期でしたが、そのころしばしば体調を崩し、私の外来を受診しておられました。二〇〇七年に詳しい検査を実施し、シェーグレン症候群と診断されました。細菌やウィルスなどの外敵と闘うはずの免疫反応が、自分の細胞を攻撃してしまう自己免疫疾患の一つです。

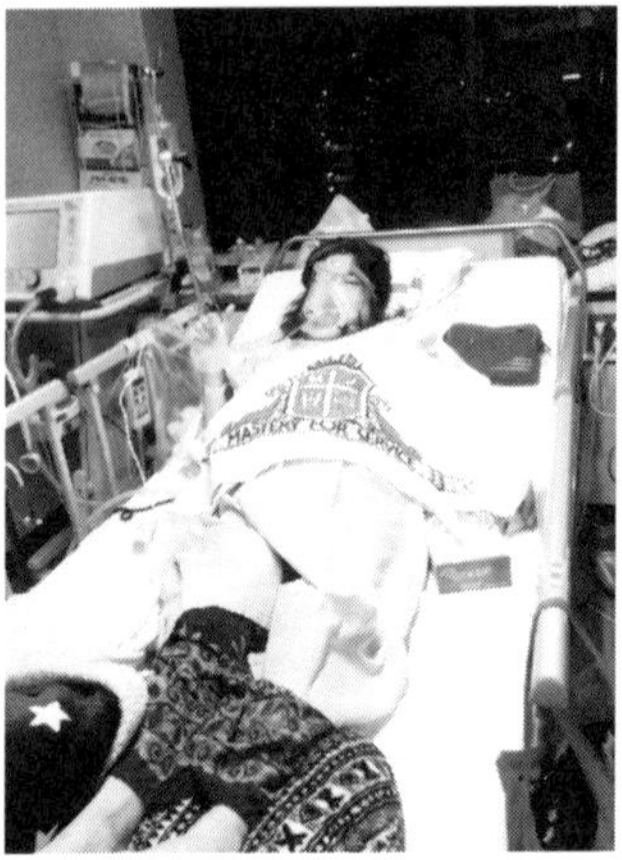
人工呼吸器に助けられて

二〇〇九年には症状が悪化、同じく自己免疫疾患の多発性筋炎に間質性肺炎という肺炎も併発し、当院に長期間入院しました。退院後は全身の筋肉の痛みや呼吸困難があり、ときには患者さんよりもしんどい状態でありながら、患者さんに寄り添い、さまざまな活動を続けられました。
私は榎本さんに医師として育てていただいたという想いが常にあります。これからも遺志を継ぎ、患者さんに寄り添い続けていきたいと思います。

「榎本てる子とかけて競輪の自転車と説く。その心はブレーキがない、そしてこがないと倒れてしまう」

渡辺康介

平成三〇年四月二五日、府立病院で「冥界」へ旅立たれました。残念ですが、体の状態からすると、この辺りが限界かなと皆さんが考えた時期でした。

平成二九年九月一一日初めて鞍馬口医療センターでお会いしました。堺市立総合医療センターからの紹介状を持って来ながら、鞍馬口医療センターでは受け入れていただけないことになり、途方に暮れておられました。

下鴨シスターズの一人鷲津さんに連絡があり、我々お節介診療所が関わることになりました。こんなに困った状況は私たちの大好物です。「大丈夫、何とかします。」私たちの決断は早いのです。

在宅で支えながら、早速、府立医大膠原病・リウマチアレルギー科の磯田ドクター、川人部長に九月二七日連絡。一〇月三日に、①間質性肺炎、②皮膚筋炎、③シェーグレン症候群、④糖尿病、⑤骨粗鬆症、⑥不眠症、⑦その他の病態把握、治療強化のため、入院さ

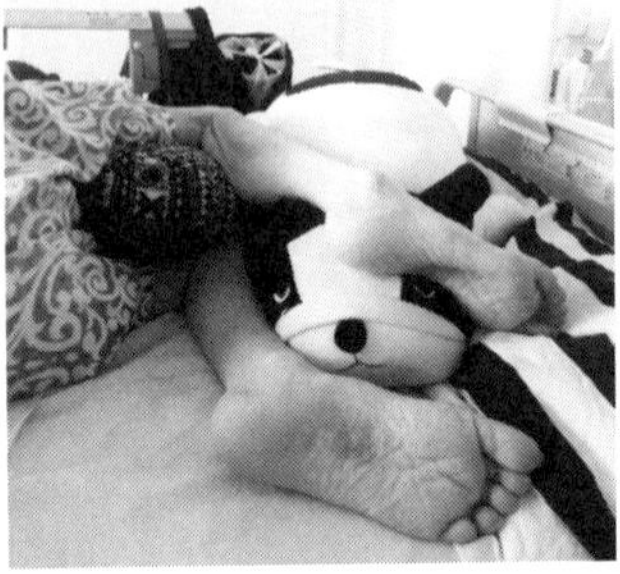

病床の犬

れました。

症状は落ち着いており、在宅で過ごしていけると判断され、一一月六日、退院、平成三〇年二月二八日の再入院まで左京区高野のマンションで、青木さんや支援の仲間たちに囲まれ、ときには関学まで授業？に行き、ときにはヨドバシカメラまで買い物に行かれたり、周りの人をヤキモキ、ヒヤヒヤ、ドキドキさせながら榎本さんらしい生活を送っておられました。

ＡＩＤＳ患者さんの支援をライフワークとしており、バザールカフェをはじめ様々な活動をしておられること、またＡＩＤＳ患者さんの共同住宅を作りたいという夢をも語ってくださいました。私たちも協力させていただきたい旨を伝えると、とても喜ばれました。そこで私が持つ長屋の話をすると、いつものあの人懐っこい笑顔を崩しながら、どんどん話が盛り上がったことが今でも思い出されます。

けれども病勢が日々進み、恐れていた呼吸器感染症を発症するに至り、二月二八日、入院するにやむなき状況に至りました。榎本さんとともに歩んだ最後の五か月は、我々のチームがちいろば物語のgene（遺伝子）とmeme（文化）を持つ榎本さんをどこまで理解し、在宅での安心を提供できたか、忸怩たる思いがあることも事実です。笑顔の裏にある不安や孤独に気づきながら緩和できていたのか反省ばかりの今日このごろです。

てる子さんのことですから、きっとご家族様、ご友人の皆様のご多幸を祈念しつつ、私たちが「冥界」に来るのを楽しみに、クリクリと大きな目を開け、待っておられることと思います。（合掌）

とてつもない女　てるちゃん

市橋恵子

私がてるちゃんと初めて出会ったのは一九九三年ごろです。当時勤務していた日本バプテスト看護専門学校の学生のためにカウンセラー的な役割もしてくれる宗教主事を探していて、これも当時、学校にカウンセリングの講義に来ていただいていた平田真貴子さん（前・京都いのちの電話事務局長）に相談したところ、息子の知り合いでカナダで勉強して帰って来たばかりの人がいるから、と紹介を受けたのが榎本てる子さんでした。

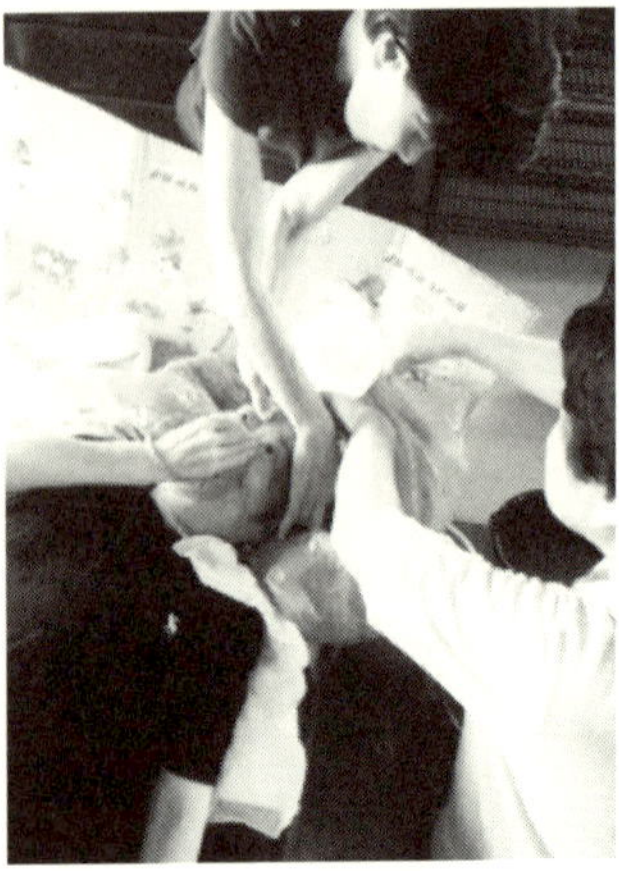
ベッドの上での洗髪

当時の私は本職の傍らエイズNGOのボランティアをしていましたが、初対面の時はまさかてるちゃんも同じ活動をしているとは夢にも思っていませんでした。当時、てるちゃんに学校から払われていた僅かな給料は、たぶん学生の胃袋に収まっていました。

その後、お互いにその職場を離れてからは、てるちゃんとの関係はＨＩＶ／ＡＩＤＳに関わる場面で、あるときは私の教会へ礼拝説教に来るときに会う程度でした。

二〇一七年の初めに、てるちゃんの長年の夢だったプロジェクトを進めたいのでと誘われて、十数年ぶりにまた一緒に活動することになりました。しかし、そのころには彼女が長年闘っていた病気がかなり進行した状態になっており、たまたま受診同行した折、医師から余命一年以内の宣告を受ける場面に立ち会いました。二〇一七年八月一四日のことでした。

そこからの彼女の行動は早かった。お母様が見舞いに通いやすく、また友人の多い京都への転居を決め、九月一五日には吹田から京都市左京区へ転居してきました。大文字がよく見える場所に居を定めたてるちゃんの当面の目標は、「来年ここで大文字の送り火を見て、パーティをする」でした。行き先を知らずに出て行ったアブラハムのように。先の読めない療養生活のスタートでしたが、鷲巣さんが在宅往診医を紹介してくれ、そこからかかりつけ医が決まり、訪問看護師、ＰＴ、歯科医師の訪問が開始となり、さらに彼女を支える下鴨シスターズとよばれる総勢十三名のボランティアができて、日替わりでサポートに入りました。

在宅療養中とはいえ、てるちゃんの自宅には来客が引きも切らず、常に自分より相手のサポートをし続けていたてるちゃん。自分の酸素濃度の低下より、他者の痛みを聞くことを優先させたてるちゃん。一日でも長く生きてほしい私は、ときどき彼女に小言を言いました。聞きたくなかったろうなあと思います。肉体的にはほぼ限界としか言いようのない闘病の中で、あれだけ他者のために働き続けた人を私は知りません。私の故郷の言葉で言うなら、てるちゃんは「とつけむにゃあ（とてつもない）」女です。

「大切な人だから」

藤井美和

「先生、お身体大事にしてね。先生は大切な人だから。」
「てるちゃん、お身体大事にしてね。てるちゃんは大切な人だから。」

いつしか私たちの電話の最後は、この言葉で括られていました。今は、ただ懐かしくその声、その響きを思い出しています。

一言で語るなら、「類稀《たぐいまれ》な人」、それが榎本てる子さん。てるちゃんが大切にしたのは、愛の関係性――家族、友人、学生、社会の中で苦しむ人たちとの関わり。愛を実践しつつ、だれよりも自らがひたすら「愛」を求めた人でした。

てる子先生との出会いは、先生がカナダから帰国した直後の報告会。ジーンズに長い髪をなびかせ、意気揚々と歩いていた姿を思い出します。CHARM設立直後にはゼミ生を実習生として引き受けてくださり、関学就任後は、「死生学・スピリチュアリティ研究センター」で共にいのちについての講演会を主催し、クリスチャンワーカーの教育について語り合いました。学生の話もたくさんしました。「九十九匹の羊を置いて一匹を捜しに行くっていうけど、置いとく九十九匹も大変なんよね。」てるちゃんらしい言葉です。

愛の実践は教会だけでなく、社会の中でこそ実践されるもの――外（社会）の実践に送り出すための内（大学）の教育――この二つを繫ぎたいというてる子先生の思いを実現したのが、ディアコニア・プログラムです。福知山脱線事故や東日本大震災に端を発して、すでにいくつかの教育機関がスピリチュアルケアのプログラムを始めていたころでした。

「関学らしく、キリスト教基盤でやらんとね。ねえ、先生、クリスチャンワーカー育てるプログラム、人間福祉学部と一緒にやりません？」

キリスト教社会福祉の実践家養成を目指し、てる子先生を委員長として、土井健司先生、中道基夫先生、私の四人でディアコニア・プログラム運営委員会が立ち上がりました。何を目的として、どんな教育カリキュラムとするのか、頭を寄せ合い考えたことは懐かしい思い出です。とはいえ、アイディアの多くはてる子先生から生まれ、神学教育と実践をつなぐ新しい科目の設置も、講師の方々への依頼も、てる子先生が率先してなさいました。「喜んで協力します」という方、「榎本さんに言われたらしゃ～ないな」と笑いながら引き受けてくださる方。実践家の方々の絶大なる信頼を得ている、てる子先生だったからこそ、このプログラムは前に進み、二〇一四年、神学部設立一二五周年の記念にスタートすることができました。

二〇一七年秋学期、ディアコニア一期生の修了を目の前に、てる子先生の身体はさらに弱り、大学に来られない日が続きました。私は一期生五人とともに、毎回授業のはじめに、てる子先生のことを祈る時間を持ちました。二〇一八年一月九日、てる子先生からメールが届きました。

「藤井先生、エキストラの授業ありがとうございました。楽しみにしています！　良い学びになったこと、嬉しいです。発表会の司会を先生していただけたら助かります。……先生、助けてくださいね。」

そして、二〇一八年一月一一日、神学部チャペルで行われた成果発表会、てる子先生は来られました。てる子先生の思いで始まった、福祉現場に出かけて行くクリスチャンワーカーのプログラム。チャペルはプログラムに関わってくださった方々をはじめ、実践現場や教会の関係者、卒業生たちでいっぱいでした。てる子先生はチャペルの前方に車いすで参加し、学生たちを愛おしく見ておられました。その後の交流会では、参加者それぞれが、てる子先生にいつの間にか巻き込まれて、このプログラムに関わってきた、と話され、てる子先生は嬉しそうに聞いておられました。

「私はこれまで関わることをしてきましたが、今、世話されることを学んでいます」――交流会でのてる子先生の言葉は、関わる側と関わられる側の間に何の違いもないのだということを教えてくれます。ここで学んだ学生が、社会の中で愛の実践に携わってくれること、自分の問題としてその関わりを引き受けることを、てる子先生は天国から見守ってくださることでしょう。

ディアコニア・プログラムの授業で、私は毎年、アイヘンバーグの版画『炊き出しの列に並ぶイエス』を紹介しています。暗闇の中、うつむき小さくされ、炊き出しの列に並ぶ人たち。その列の中にイエスが立っています。食事を配る側（支援の側）でなく、食事を待つ人の側（苦しむ人の側）にいるイエスの姿は、てる子先生の姿と重なります。「大切な人だから」――愛の実践家・てる子先生は、この言葉をすべての人に向けて語っておられたのでした。

しかし同時に、てる子先生は炊き出しの列に並ぶ人でもありました。だれよりも神様の愛を求め、「大切な人」とされたいと願う人でもありました。そして願いはかなえられました。「あなたは大切な人だから」と、神様はてる子先生を抱きしめ、天国に導かれました。

てる子先生の生き方は、人が人を愛することの尊さと、神が愛をもって人を器として用いてくださることの確かさを示してくれました。

「わたしはぶどうの木、あなたがたはその枝である。……わたしの愛にとどまりなさい。」

大切な人、てるちゃん、ありがとう。出会いに感謝、すべてに感謝。

手を握られて、天国へ

榎本和子

てる子はかねがねよく「お母ちゃん、私が死ぬ時には私の手を握っといてね」と言うので、私は「何言ってんの、いやよ、あんたは私よりずっと若いのよ、あんたが私の手を握って送ってくれないと……」と。今思い返すと、てる子は自分の命はそんなに長くはないと思っていたのではないでしょうか。でも私は「命の権を握っておられるのは神さまではないか」と思い、「ですから神さま、どうぞこの子の病を癒してやってください」と祈り続けていました。

二〇一七年九月、てる子は京都に引っ越して来ました。おそらく京都は知人が多く、私も近くにいるから移ることを決めたのだと思います。治療を受ける病院も決まらないまま、住居を探しました。見つかったのは、寝ながらにして大文字山が窓越しに一幅の絵に見えるような素晴らしいマンションでした。てる子に連絡をもらって、すぐに訪れました。こんなところで静養できれば、きっと良くなるのではないかと思いました。しかし、久しぶりに会って見たてる子のやせ細った手足は、まるで枯れ木のような状態で、まるまる太って太りすぎをいつも気にしていた、これがてる子かと絶句。あとは涙がとめどもなく流れ、こんな姿になるまで……と私は毎日忙しく過ごし、年齢を重ねるごとに体力も衰え、てる子のために尽くせなかった自分が申し訳なく……今も悔悟の念にかられています。

母と娘（2007年）

てる子が大阪から京都に転宅、療養生活中にも次々とてる子のお友達が訪れ、いろいろ援け励ましてくださいました。定期的に来てくださるお医者様、看護師さんとも、てる子はすぐに打ち解け、仲良しになるの

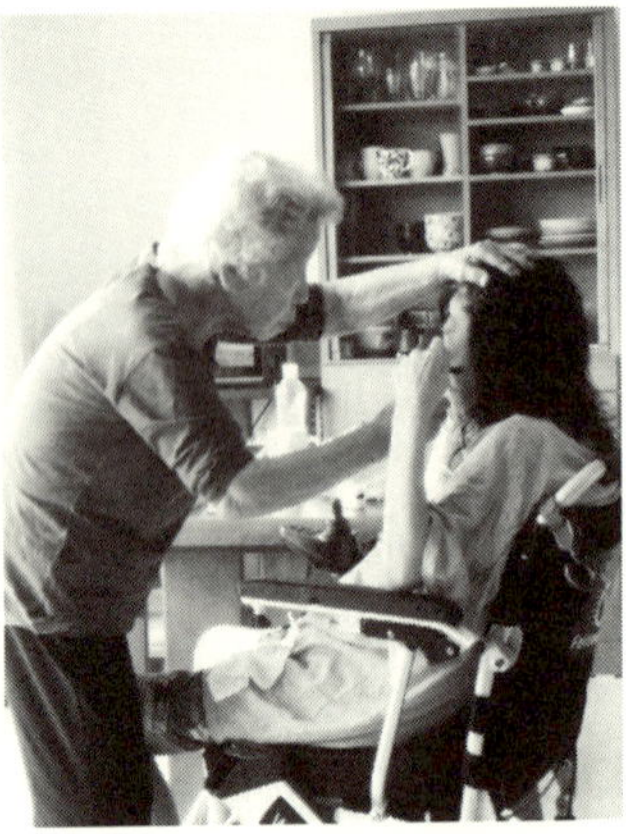
母と娘（2017年9月）

で安堵しました。中には論文を仕上げるために関学の学生が二人ほど日を別々にして訪ねて来ることもありました。夜遅くまで丁寧に教えていたてる子の姿に、病状が悪化しないかと心にかかる私でしたが、てる子は真剣に自分の身体のことを忘れ、学生に向き合っていました。たぶん学校でもこのようにしていたのだろうと私は想像しています。

二〇一八年二月末に京都府立医科大学附属病院に入院してからは、一進一退の病状でしたが、観察室を離れることはほんの数日しかありませんでした。がっちりと顔面を覆ったキャッチャーマスクのような酸素マスクをしたてる子を見て、素人の私でさえ病状が悪化しているのが分かりました。話しかけても返事がない、ただ祈るほかありません。病状は快方には向かわず、目も開かない、四月一八日には二人で面白いことを話し、笑い合ったのに、今は何も言えない。「神さま、奇跡を起こしてください、起こしてください」と心の中で叫びました。

私は、てる子との約束を果たすため、二昼夜寝ることなく、「てる子、お母ちゃんは約束したとおり手を握っているよ」と何度も話しかけながら、てる子の最期の時を迎えました。左唇を息するごとにぐっとかみしめていたてる子の姿を、今も思い出しては、きっと、高所恐怖症のてる子は一足、また一足、神さまのもとに登って行ったのだと思っています。後に前夜式のはじまる直前、天に立った虹を大勢の参列者が見て驚き、「てる子は虹まで作った！」とどよめいたとのこと。あの時の虹は、神さまが高所恐怖症のてる子を憐れんで、天から助けてくださるために降ろしてくださった美しい虹の橋ではなかったかと私は信じています。てる子の死に顔は、腫れもとれ、引き締まって凛々しくさえ思いました。

いつも母親のことを大切にしてくれたてる子の思い出は尽きることがありません。

てる子、良い働きをしてくれ、愛の余韻を残してくれて、ありがとう！

「おねーちゃん、わたし好き？」

橋本るつ子

この言葉は、てる子が四十代のころ、よく私に電話をしてきたときの第一声でした。それも夜中の一時、二時ごろに。仕事で疲れ、やっと至福の時に入りかけた私にとって少々迷惑な電話でした。「好きに決まってるやん、何でそんなこと聞くの？」と言うと、それには答えず、「どれくらい好き？　お兄ちゃんとどっちが好き？」と言い、「どっちも同じくらいかな」と答えると、間髪を入れず「あかん、私のほうが好きって言って」と、まるで子どもが母親に甘えるように言いました。このころのてる子は、苦しんでおられる方々のカウンセラーとして共に考え悩み、自分の愛を注いでいたのでしょう。カウンセリングの内容は話しませんが、きっと自分の心の中が人の悩みでいっぱいになり、自分自身が愛されているのだ、との確信が欲しかったのかもしれません。

1985 年、大学卒業後、留学前に
下関へ来てくれた時に

わたしとてる子は十二歳離れていましたが、唯一の姉妹ということで、とても仲が良かったのです。小さいころはよく泣く子で、泣きすぎて声がつぶれるほどでした。しかし愛嬌があり、機転が利き、勘が鋭く、教会の牧師の子どもとして多くの教会員に愛され、かわいがっていただきました。が、家ではいつも一つ上の年子の兄、恵と自分を比べ、「私はL欠（Love 欠乏）や！」と訴えていました。私の目から見ると、父や母は二人ともをとても愛し、かわいがっていたと思いますが、忙しい両親にとっての愛し方は、てる子の思うようなものではなかったのかもしれません。

牧師として父は毎日多くの方々のために、そしててる子のために祈っていました。しかし、自分が祈られている、神さまから愛されている、という実感がなかったのかもしれません。てる子は何でも「特別」が大好きで、自分だけのために祈り、心を配ってほしかったのでしょう。そのせいか、てる子自身は人と接するとき、とことんその人のために時間を割き、寄り添っていたと思います。最後のCelebration of Lifeに来てくださった方々が、みんなてる子にとって自分は特別の存在だった、と思っておられることがよくわかり、「愛」とは「あなたは私にとって特別なんだよ」ということだと教えられました。

「私の目にあなたは価高く、貴く
わたしはあなたを愛し
あなたの身代わりとして人を与え
国々をあなたの魂の代わりとする。」――イザヤ書四三章四節、新共同訳

「てる子、おねーちゃんはてる子が大好きやでー。ありがとう！」

瞑想

榎本　恵

昨年四月に天に召された妹てる子の前夜式の時のことである。式の始まる直前、晴れ渡っていた空が、にわかにかき曇ったかと思うと、突然バケツをひっくり返したような雨が降ってきた。しばらくすると、何事もなかったかのように雨はやみ、現れた夕日とともに、一本の虹が、まるで天への架け橋のようにはっきりとかかっているではないか。「虹が出た」、「てる子が虹を出しよった」という叫びとともに、私もあわてて教会の外に出て、その虹を見た。あれからまだ一年と経ってはいないのに、今や伝説のように語り継がれているが、これは作り話ではなく本当のことだ。

生前の彼女は、関西学院の神学部で教えながら、ＨＩＶ感染者のカウンセラーとして、性的マイノリティ、いわゆるＬＧＢＴの人々の人権を守る運動を熱心に行っていた。彼女の葬儀は、葬式という名称ではなく、「セレブレーション・オブ・ライフ」（命を祝う会）という名前で行われた。しかも、会場全体をレインボーカラーでおおいたいという彼女の願いどおり、参列者はみんな喪服ではなく平服で来るという、いささか常識を超えたものであったが、しかし榎本栄次牧師の赤いジャケットに始まり、参列者それぞれが、思いのこもった色で妹を送ってくれた。だが、さすがに本物の虹が出るとは、だれも想像していなかっただろう。あの日、集まった大勢の人の心の中には、きっとあの虹の景色が深々と刻み込まれたに違いない。まさにそこには神様の深い深いご計画と約束が現れたに違いないと私は信じている。

（『アシュラム』誌、二〇一九年二月号、第六〇三号より）

Celebration of Life

表紙絵について

下村泰子

「てるちゃんが息をひきとった」という知らせを受けたその夜、私が手にしたのは、ドイツの彫刻家エルンスト・バルラハ（一八七〇～一九三八年）の画集だった。

命の最後まで「愛」について語り続けてくれた友の死をどう受けとめればよいのか……ぱっくり割れた傷口を癒すべく、画集を開いてバルラハの作品の中に、てるちゃんを探した。

目に留まったのは、「ハンブルク戦没者記念碑」。第一次世界大戦で犠牲になったハンブルクの市民、兵士たちを悼んで刻まれたレリーフで、戦争の悲しみにくれる人々を大きな愛情で包み込むかのような作品だ。

この世界にある不安や怖れ、悲しみのすべてを見てしまった子どもが、目を閉じて母にすがり、救いを求めている姿。そして自らも傷つきながら、深い愛で我が子を抱きしめている母親。この子どもと母、それぞれの中に、てるちゃんがいるような気がした。私はこれを描写し始めた。描くことが祈りだった。

この木版画を、てるちゃんに捧げる。

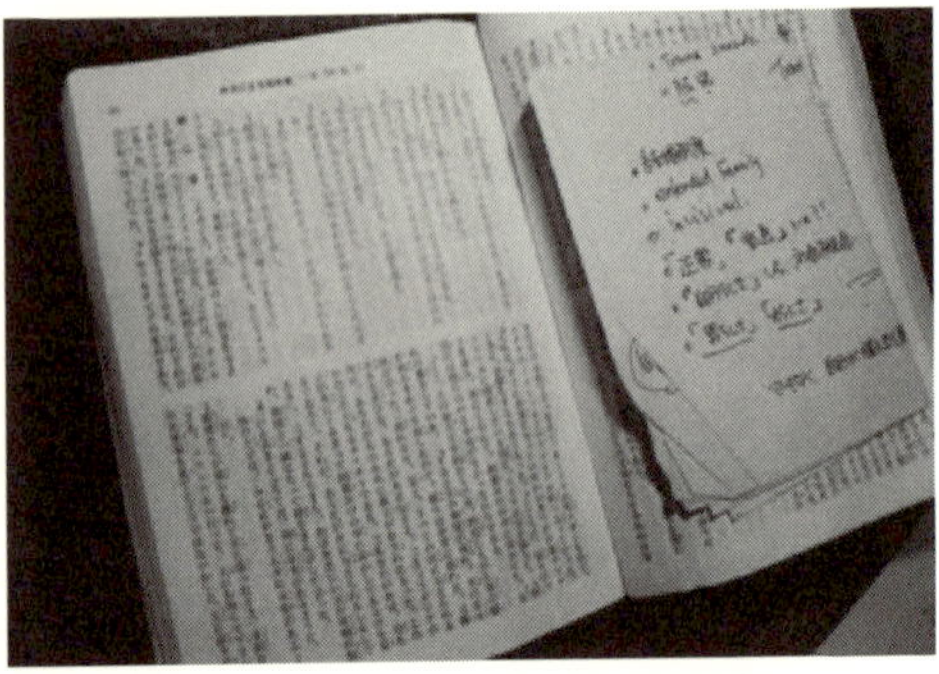

愛用の聖書、その間に挟まれている説教メモ

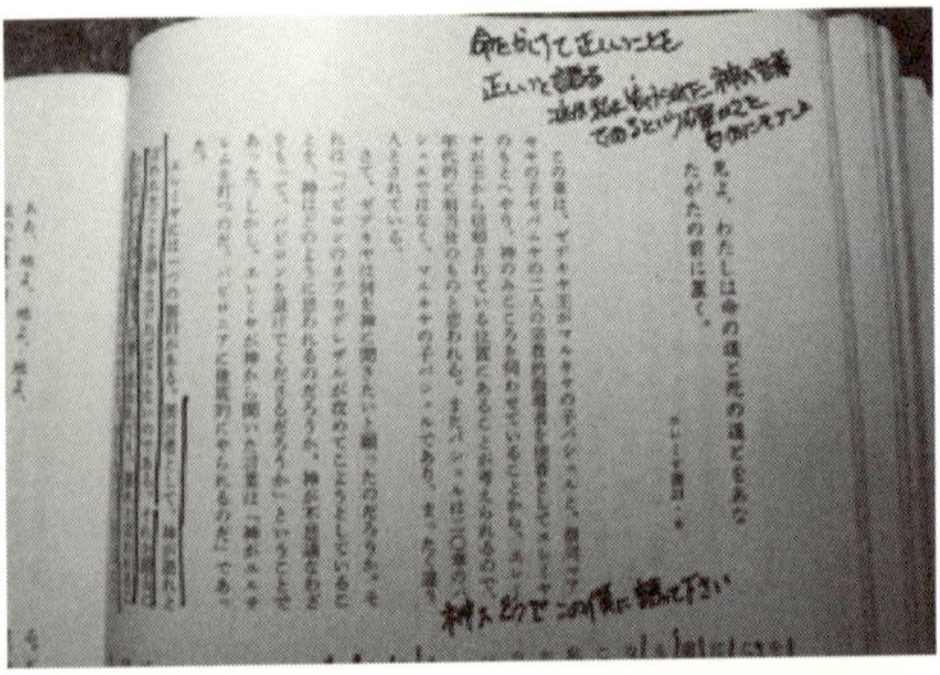

父・榎本保郎牧師が著した『一日一章』はボロボロになるまで読み込まれていて、ところどころに書き込みや線が引かれている。
製本の糸もほつけて、太いビニールテープでかろうじて形を保っている。

おわりに

まず、この企画・出版にご協力くださったおひとりおひとりに編集者一同心から感謝申し上げます。ありがとうございました。

榎本てる子さんの「人となり」を文字化し残したいと話したのは、二〇一八年秋のことです。その日、わたしは、青木理恵子さんがてる子さんに代わって担当された関西学院大学神学部の授業「キリスト教社会実習」のゲストとして話すために関学へ出かけました。授業の後、青木さんにてる子さんの人となりをぜひ活字にして残したいと提案し、青木さんの協力をお願いしました。

そのとき、青木さんから日本キリスト教団出版局によっててる子さん自身による闘病記を含めた書籍の出版準備が進められていることを知らされました。しかし、わたしは、それとは違った角度からてる子さんの生き様を一人でも多くの人に知ってもらうための書籍もまた必要と話し、青木さんの賛同と協力をいただくことができました。書籍の構成は、てる子さんが、その生涯にわたり、どんな人と出会い、共に生きてきたかを少しでも明らかにすることに重点を置くことにしました。

最初、自主出版も考えました。しかし出版社の協力があれば読者層をさらに広げることができるのではないかとの意見がありました。そこで少しつながりがあった「いのちのことば社」の長沢俊夫さんに出版のご相談をしたところ協力できるとのご返事をいただきました。そのとき長沢さんから単なる「追悼集」に終わらせたくないとのご提案をいただき、一部・二部の構成になりました。一部はお読みいただいたように、ある意味、てる子さんの生涯というか生き方を決めたカナダ留学時代の記録です。二部では、その生き方の展開でもある日本での働きを青木さんが整理してくださって、いろいろな方々のてる子像をまとめました。

ここまで短期間でまとめることができたのは、てる子さんの古くからの友人、鳥井新平さんの協力があったからです。青木さんの資料整理力とネットワーキング、鳥井さんの抜群の事務能力の結晶がこの一書です。

言い出してから一年で、てる子さんの生き様を活字で世に送り出すことができたことは望外の喜びです。改めてご協力に感謝。

小柳伸顕

＊　＊　＊

小柳伸顕さん、青木理恵子さん、そして私の三人の編集会議はいつもきまって、長岡京市の生涯教育センターの一階にあるカフェテリアでした。コーヒー一杯で二時間。ああしようこうしようと、アイデアはいつも泉のようにわいて出ました。出された問題・課題もその次の編集会議には、どんどんクリアーされていきました。会議の席での話題は縦横無尽。ときにバルラッハの彫刻を語り、犬養光博さんや金井創さんの近著について語り、とても楽しい時間でした。表紙の絵を下村泰子さんの版画を使わせていただくことになった時にも、書籍の表題を榎本和子さんの文中にある「愛の余韻」と決めた時も、長沢俊夫さん（いのちのことば社）に参加していただいた時も、話の展開は奇跡のようでもありました。そして、三〇〇ページ以上あるカナダの留学日記の入力ボランティアを募った時にも、次々に原稿が寄せられました。まるで、一粒の芥子種が大地に落ちてぐんぐんと生長するような展開でした。

そして、また本づくりのそのプロセスは、榎本てる子さんとの再会と対話の時間でもありました。遠くはタイやフランスから、原稿や入力文章を送ってくださるときに、協力者の方々が一言添えてくださる思いに榎本てる子さんの大きな存在を感じていました。

「第Ⅰ部 カナダ日記より」の入力ボランティアは以下の方々です。編集の都合上、全文を掲載できなかったことをお許しください。

池田純平、小野歩、小林路津子、平良愛香、三浦啓、鈴木祈、橋平浩子、小林七海、廣辻孝次、ウォラワン・シマロージ(ラー)、谷香澄、木村愛、榎本まな、来住知美、木村拓己、水谷真紀子、東晃、伊達平和、澤口智登里〔敬称略〕

榎本てる子さんのカナダ日記や彼女の多様なネットワークによる手記を繰り返し読んでいて実感するのは、彼女の存在と働きがきわめてユニークかつダイナミックで先進的であったということです。それは、彼女が天国に召された後、仲間が中心に二〇一八年一〇月一四日に「虹フェス」と銘打って京大西部講堂で実行した追悼ライブの時にも感じたことです。出演者は、陣内大蔵、川上盾、SariSariMoon、電気デジタル、とりいしん平テルちゃんブギウギバンド。お店もいっぱい。その日の収益はすべて、てる子さんが立ち上げたプロジェクトにささげられたのでした。驚くべき愛の賛歌です。

その一方で感じる彼女の信仰の持つ熱さと一途さ。わが国におけるアシュラム運動の創始者榎本保郎牧師の追い求めた祈りの共同体が形を変えて実現している奇跡に、目を見張ります。彼女の使い込んだ聖書はボロボロで、毎朝一番にひとりで熱心に、静かに祈っていた姿があったそうです。驚くべき愛のコール&レスポンスです。

そして何人もの方が証言しているように、彼女のクリスチャンとしての有り様は「清く、正しく、美しく」ではなく、豪快な時に下品な笑いとともにあったということです。そのいで立ち、立ち居振る舞い、ジョークの数々。クリスチャンとしての清楚なイメージを徹底的に打ち壊してくれた、まさに愛のテロリスト。彼女に続く愛のテルリストが後を絶たないわけです。

生前の彼女を直接知らなかった人も、ぜひこの本を通して「榎本てる子」体験をしていただきたいと思います。

そのような榎本てる子さんの姿をこのような形で本にしてくださったいのちのことば社のスタッフの方々と長沢俊夫さん、原稿執筆者、原稿入力の奉仕者の皆様にあらためて感謝します。

そして最後になりましたが、たくさんのお写真を提供してくださった橋本るつ子さんに心より御礼申し上げます。

「私にとっては人が宝でした。本当に人っていうのは、愛されて愛していくなかで生きていくんだなって。そういうコミュニティーを私はもらえてすごい感謝ですけれども、いろんな人たちが、やっぱり一人ひとりが、そのコミュニティーを求めていると思うので、いろんな人たちが自分たちの場で、愛して愛されるコミュニティーっていうものを創っていってもらえたらなっていうのを、何かそれを、すごく思わしてもらいました。」（榎本てる子。二〇一七年九月二三日、GoGo-Party にて）

鳥井新平

1972 年頃

1995 年

2014 年、てる子と青木

＊日本音楽著作権協会(出)許諾第 1907930-901 号

愛の余韻
——榎本てる子・命の仕事

2019年9月15日 発行

著 者 榎本てる子
編 者 青木理恵子
印刷製本 日本ハイコム株式会社
発 行 いのちのことば社
〒164-0001 東京都中野区中野2-1-5
電話 03-5341-6922（編集）
03-5341-6920（営業）
FAX03-5341-6921
e-mail:support@wlpm.or.jp
http://www.wlpm.or.jp/

ISBN 978-4-264-04066-8